史學專家的世界史筆記

畫對重點就能輕鬆了解世界史

關 真興／著　鍾嘉惠／譯

序言

麥克尼爾先生的《世界史》自一九六七年出版以來，已成為全球讀者不斷傳閱的歷史名著、巨著。近年更在以東大為首的大學生帶頭下，廣受欲培養文化素養的商業人士及歷史愛好者的喜愛，儼然成為「世界史的教科書」。

我因為長年從事世界史的研究，當然也買了一本回家。

不過……馬上就受挫了……。

明明我也算某個領域的「專家」，實在是臉上無光。

可是，我很直率的感想是：這本書「有點不平易近人」。

而且我也發覺到，相較於教科書、考試用參考書和日本人寫的一般概論、教育書籍等，這本書所使用到的歷史用語少很多。

這比喻可能不太好，考試用參考書和概論類書籍好比是「骨骼標本」。教科書是用淺顯易懂的詞句，當然也包括歷史用語在內，編寫而成，所以能清楚掌握整體樣貌。

可是，麥克尼爾先生的《世界史》沒有「骨幹」，感覺是用「皮膚」、「肌肉」、「神經」、「血液」寫成，這可能也是它的特色吧。換個說法就是，抽象性描述很多。雖然它並沒有因為這樣而在論述上有缺失，或站不住腳，但很無奈的，我們無法否認它確實不容易理解。再加上麥克尼爾先生獨特的敘述方式，常常好不容易理解了關於某地、某事的描述時，突然又插入另一件事、另一個世界，並講述兩者間的關係，結果往往因為這樣搞得我一頭霧水。

可是，當我放入「骨幹」重新再讀一遍，常常會恍然大悟「原來是這個意思啊」，過去的疑問瞬間冰消瓦解。

最大的發現是，歷史事件發生的背景和脈絡漸漸清楚浮現。

本書即是挑戰以加入「骨幹」的方式，重新整理麥克尼爾先生這本《世界史》的精華，試著將它改寫得更容易閱讀，進而再次確認這本書的深邃魅力。

舉個例子，我在重讀的過程中，感覺麥克尼爾先生似乎過度局限在他一直看重的「文明」一詞。光是「文明」或「文化」這件事就能引發一場大論戰，但麥克尼爾先生使用這些名詞卻不在這些名詞上頭作文章。毋寧說，我感覺他好像以荷馬或迦梨陀娑那樣的心情，敘說著曾經在地球上出現過的各個文明「世界」間的關係。

當然，他也以敏銳的眼光關注糧食、人口、疾病、武器戰術的相互關係（事實上他已另外出版了探討「疾病」和「戰爭」的書），讓我重新領悟到許多事。

而更令我驚訝的是，這次工作前後閱讀的關於經濟、歷史方面的外國著作中，隨處可見麥克尼爾先生的名字被引用。政治、經濟、軍事、社會以及思想等，我對麥克尼爾先生的博學真的只有嘆服。

話雖如此，但重新詳讀這本《世界史》也讓我產生了自信。

讀完後看著被翻到發黑的書，還會想起專心投入一件事的快樂。

只是，如果想要完全理解這本書，就需要花更多篇幅解析，那麼頁數將是這內容的數倍，或數十倍之多。那不是我的目的所在。再次重申，我要做的是嘗試將麥克尼爾先生著作中抽象的部分具體化，並將三十個條目依各自最主要的主題為軸心，簡易化其內容。

話說回來，我忍不住想到翻譯如此厚重原著的增田先生和佐々木先生兩位的辛勞，並猜想無知的年輕一輩恐怕常常糟蹋了兩人的心血吧。

我只是希望為吸引更多讀者閱讀麥克尼爾先生的書盡一分力，基於這樣的心情而開始本書的寫作，尚祈見諒。

筆者　上

目次

史學專家的世界史筆記

第Ⅱ部 所有文明均衡發展、彼此相連的世界

第Ⅲ部 西歐的勃興與宰制

第Ⅳ部 世界主義的誕生與展開

內文設計：新田由起子（ムーブ）

歷史上有所謂的「糧食生產革命」，在大約一萬年前始於中東地區。爾後，西元前三〇〇〇年左右，底格里斯河、幼發拉底河和尼羅河流域誕生了高度的複合社會＝「文明」。印度河流域的文明接著在那之後誕生，經過了一段時間，更懂得利用犁和動物增加產量且還有剩餘，使得藉由貿易維持國家運作成為可能。到了西元前一七〇〇年左右，因車戰法的發達，游牧民族變得活躍起來，希臘、印度及中國因為他們的行動，逐漸形成具有特色的新文明。

第Ⅰ部

在地球的大地生息的文明們

Section 1

農耕改變了世界！

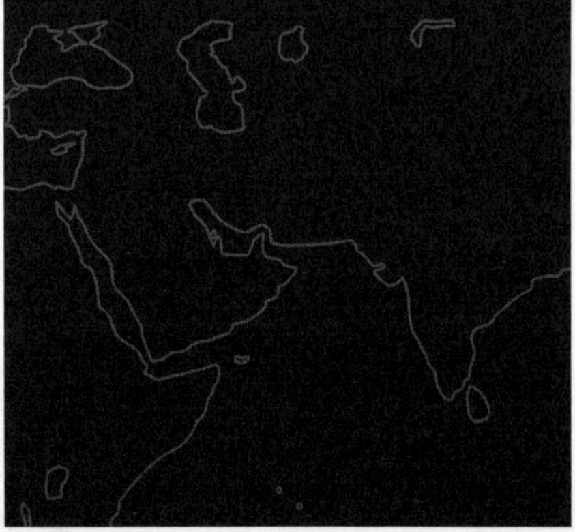

地球上誕生了有智慧的生物——人

「*Homo sapiens*」一詞是**「智人」的意思，用來指「人類」**。在談到現代人（又稱新人類），也就是我們的祖先時會說「*Homo sapiens sapiens*」，並舉克羅馬儂人和周口店的山頂洞人作為具體例子。

相對於那之前的猿人類、原人類和舊人類*，就成了「新人類」。不過也有「*Homo sapiens neanderthalensis*」的說法，認為屬於舊人類的尼安德塔人也是「智人」下的一個亞種。（*譯註：台灣的稱呼依序為南方古猿、直立人（猿人或直立原人）和尼安德塔人）

麥克尼爾先生則**稱尼安德塔人為「準人類」，認為他是克羅馬儂人前一個階段（舊人類）的人類**。

此外，麥克尼爾先生強調「智人」的重大特徵如下：

「從動物分支出來的人類隨著演化，小孩依靠父母生存的時間變長，使得父母教導孩子生活技能的時間也變長。小孩變得愈晚獨立，這意味著學習能力大幅增長，漸漸培養出在偶然發現的事物中擇優取捨的能力。」

像這樣文化上的演進超過了生物肉體上的演進，於是人類的歷史就此展開。

工具與大自然的變化促使人類走向定居

有智慧的人類儘管使用工具（材料為木頭、石頭或骨頭），利用火，並逐漸發展出語言，卻長久維持著以狩獵採集為生的生活。在那當中，**石斧**和**自然條件的改變**對人類具有重大的意義。尤其是始於大約三萬年前的**冰河後退，使得森林和草原生成，大型動物在那裡繁衍、增加**。對以狩獵採集為生的人類來說，這事態成為人類新發展的契機。

宗教性行為早在尼安德塔人的時代即已出現，到了克羅馬儂人的時代還留下**洞窟壁畫**。狩獵的對象除了**陸地上的動物，更學會利用小船、漁網、魚鉤捕獲水棲動物**。這使得人類的生活能夠從逐獵物而居慢慢走向定居。

但另一方面，為尋求更好環境的人依然持續**遷移**，一般認為在西元前一萬年左右，其生活範圍已從歐亞大陸擴大到了南美大陸。

商業肇始於鹽的交換

大約一萬年前，在會下雨的中東森林地帶開始出現**農耕**（栽種小麥和大麥）與**畜牧**（山羊和綿羊）合併的生活形態。

話雖如此，但這個階段的農業採**游耕**、**火耕**的方式，每隔幾年就得換地點耕種。不過在這過程中，**斧頭、鋤頭、鐮刀等工具都得到改良**。

不僅如此，農民**需要貯藏用的竹籃、罐子，便開始製作陶器，又為了織布而想方設法，更進一步學會用泥磚蓋房子**。

此外，**以穀物為糧食，生理上就會需要鹽分，於是像死海那樣「產鹽之地」附近便形成買賣鹽的集團。而生產如黑曜石那種「有用石頭」的地區也會出現同樣的情形**。

於是，這樣的現象便為人類帶來更進一步的歷史新階段。

「擅長發明的蘇美人」建設的城邦

蘇美人在底格里斯河和幼發拉底河的下游建設新的社會。已知早在西元前六〇〇〇年左右蘇美人即已存在，可是一直要到這個時期，蘇美人才懂得引河水灌溉，**進行農耕**。這一帶是沖積平原，土壤肥沃，**只要能確保水源，即可望獲得相較於火耕更大量的收成**。這結果造成人口也隨之增加，而為進行大規模的灌溉工程需動員大批人力，故**強化了**對他們的**社會性管制**。

王和祭司等的統治階級形成，農民中也出現擁有特殊技能的人，職業漸漸開始分化。像這樣容納許多人的社會叫做**「城邦」**，於西元前三〇〇〇年左右大量誕生。

其實，蘇美人在建設城邦之前已有各種各樣的發明。**農耕用的犁、製作青銅器用的冶金術、使用轆轤製作陶器、帶車輪的車子、帆船、神殿、宮殿及其伴隨的雕刻，還有簽約時使用的圓筒印章**等，許多發明甚至影響至今。

除此之外，蘇美人還開發出**「測量」技術**。在灌溉溝渠和神殿的建造上一定需要用到測量技術。再加上很重要的**「時間」測定**。由於需要知道河川氾濫的季節和適合農耕的時期，於是開始**觀測天文**，而集多年觀測所得之大成的，就是**美索不達米亞的太陰曆**。

穀物庫存記錄孕育出「文字」

蘇美人對歷史最大的貢獻就是發明**「文字」**。創造出文字的是負責管理城邦的**祭司**們。緣起是**存放在倉庫裡的穀物記錄，也就是記錄了什麼人貯存了多少穀物**。一開始只是**單純的圖形符號**，後來發展成**楔形文字（cuneiform）**。透過解讀這些文字，以文獻形式重現當時的社會情況，意義重大。

無疑是開啟了「信史時代」。

靠著談判使法律完備

創造文字的**「祭司」**們不僅創造技術還創造了**「神」**。他們解釋眾神之間的關係，而那解釋便成了**神學體系**。他們興建祭祀眾神用的神殿，充實崇拜神的儀式。他們並克盡**現在所謂高級官僚**的職責。

話說，城邦還存在對外的關係。蘇美人的城邦**與各地區之間圍繞著水資源等問題不斷相爭**。因此城邦裡除了祭司，另外還設有**軍隊**。不過，儘管情勢持續緊繃，但任何一個城邦要取得決定性的勝利並不容易，於是**透過談判解決對立**。之所以沒有演變成一個城邦壓制其他城邦建立大帝國的局面，想必是因為他們體認到統治廣大區域的困難吧。

即使如此，「蘇美文明」仍然擁有統一的權威，那權威之所以維持了七百年以上，可以想到的**原因如：在他們的世界裡會為了避免對立花很多精力對話，及為了對抗四周的敵人必須團結等。因此而建構出的法律、政治制度和社會制度帶給後世巨大的影響。**

Section 2

利用犁和動物建置完成的糧食增產系統

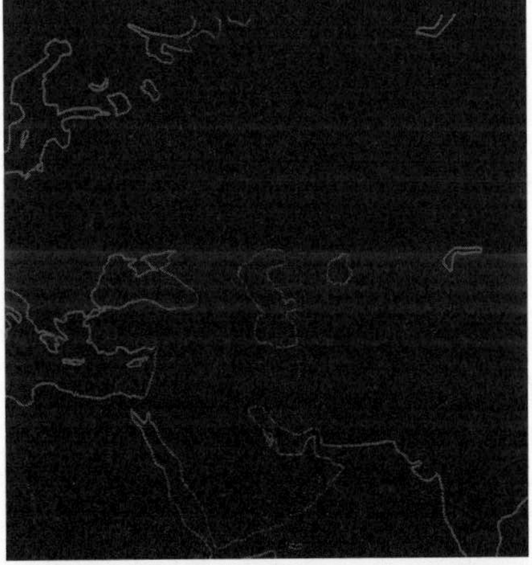

農耕民族和游牧民族的分離

起源自中東的火耕農業和畜牧方式將人類的生活形態一分為二。一是**農耕生活**，另一個是**游牧生活**。

農耕民族發展火耕農業，遷徙到土壤肥沃的美索不達米亞，正式形成農業社會，並以此為基礎，建立高度的文明。

另一方面，不適合火耕的歐亞大陸乾草原（沒有樹木的草原）上的狩獵民族，則發展從火耕農民那裡學來的畜牧方式，開始過著游牧生活。從黑海、裡海的北岸到中亞（哈薩克），甚至到東方、蒙古高原的廣大區域，全成了游牧民族的世界。

此外，阿拉伯半島的北部也有近似乾草原的地帶，游牧民族也出現在那裡。

與農耕社會相比，游牧民族的人口較少。不過為了保護自己飼養的動物和放牧區域，在戰鬥方面更為強大。

像這樣的情況，**依來自捕獵大型動物的獵人時代的習性，通常會出現具有強大領導能力的人才掌管整個集團**。當這個集團壯大起來，就會經常與農耕民族發生爭戰，但視各自自然環境、社會、軍事等方面的條件而定，不一定孰優孰劣。

儘管如此，人類自西元前三〇〇〇年左右分成農耕和游牧兩種生活形態以來，社會的發展便加快了速度。

建立穀物增產的機制

在另一方的農耕民族世界，**「犁」**的發明具有重大意義。「犁」是一種利用動物牽引的工具，**作業效率遠比人用手耕作大幅提升**，對穀物的增產做出貢獻。

不僅如此，耕地和休耕地的輪換變得輕而易舉，使得人們可在同一塊土地定居（火耕農業每隔幾年就必須換地方耕作）。

產量增加到開始會**有剩餘的穀物**，漸漸地出現**可以不必直接從事生產活動的人**。

西元前三〇〇〇年的前後五百年間，人類的生活因農耕或游牧而變得富裕，歐亞大陸和非洲全域凡是適合栽種穀物的地方，都已為文明的向外擴展打好基礎。

儘管這麼說，但高度文明的向外傳播需要有點特殊的地理環境。蘇美人所在區域（底格里斯河和幼發拉底河）、尼羅河和印度河以外的地區，到頭來都沒能實現。

充滿矛盾的埃及王國

美索不達米亞文明自西元前三五〇〇年左右起，歷經一千年的時間才逐漸發展起來，而埃及的古代文明則是在西元前三〇〇〇年到前二八五〇年之間的美尼斯王時代，上下埃及被統一之後誕生。

麥克尼爾先生說到，那個時候**從波斯灣環繞阿拉伯半島一圈後往紅海遷移的蘇美人，將蘇美文明傳入了埃及**。

意思就是，埃及人巧妙地採納蘇美文明，再加工成為獨特的埃及文明。

尼羅河在被沙漠覆蓋的埃及，是條很重要的大河。防止外敵入侵、以農耕為首的一切經濟活動，全仰賴沙漠和尼羅河，因此**法老（王）只要能監控尼羅河，就能夠控制埃及的社會、經濟等所有的一切**。

埃及文明的「象徵」是金字塔，裡面殘留的藝術作品，及作品中內含的宗教理念等都顯示出這一點。此外，金字塔是**由農民利用農閒期間建造而成**，這也說明了當時社會政策的一面。

集權國家的埃及，在國家內部面臨諸多矛盾。麥克尼爾先生表示，**地方**

間的差異為其中之一，地方官吏一再反叛中央，顯示出埃及的眾神缺乏一貫的體系。

包含古代埃及主要城市的區域圖

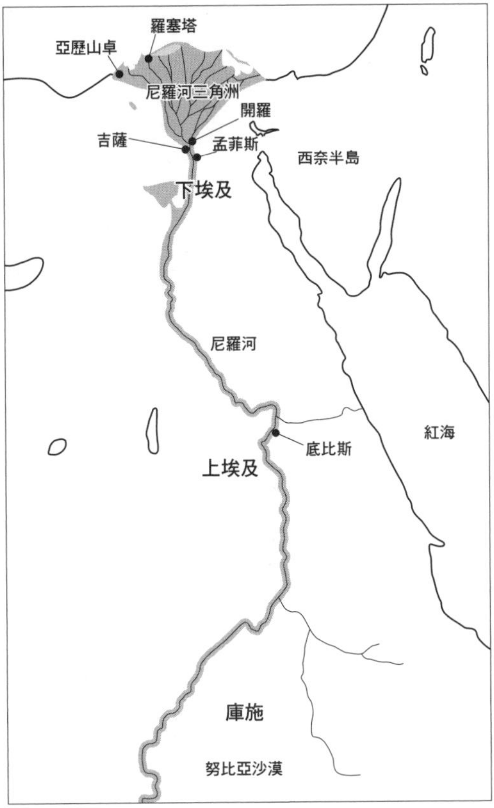

關memo

不過也有學者認為，以建造金字塔聞名的古王國時代之所以混亂、衰微，原因應該出在官僚機構過度膨脹，導致國家財政緊縮這方面。因為可以想像得到，中央為壓制地方的叛亂增加官僚人數，但為籌措官僚的工資而增稅使農民受苦的情況。

西元前二二〇〇年左右起到前二〇〇〇年為止的混亂期（法老權力式微的時代）稱為第一中間期；那之後，法老重新握有權力，進入被稱為中王國時期的穩定期。

不過，相較於法老，地方有權有勢者的實質力量更強大，他們守住了埃及的傳統，這也是其中一個能夠解釋為何埃及在一度遭外部勢力占領之後，依然能夠保留文明傳統的原因。

埃及在中王國時期一度繁榮興盛，但之後因王位繼承問題使得國政混亂。演變成以傭兵或奴隸身分混入埃及社會的西亞民族掌握權力的局面。

這就是**「西克索人的統治」**。隨著外族王朝的成立，埃及也同時進入第二次的混亂、衰落期。

不過，在這時期**馬和戰車被引進埃及**，成為日後新王國時期埃及對外發展的基礎。

充滿謎團的印度文明

麥克尼爾先生的解說在此一口氣跳到**印度文明**。印度文明雖然受到蘇美文明的影響，但那只是初期階段，很快就製作出屬於自己獨特的物品。

不過，包括代表性遺蹟「摩亨約・達羅城」和「哈拉帕城」在內，都沒有充分做過精密的挖掘和研究。也因為其繁盛於西元前二五〇〇年到前一五〇〇年左右，結果被後來從中亞南下入侵的雅利安人徹底破壞。麥克尼爾先生的說明為：「祭司階級在那時被肅清，所擁有的知識失傳」、「僅留下庶民階級微不足道的信仰」。

關memo

濕婆信仰是不是就是庶民信仰之一？另外，在雅利安人破壞說方面，事實上，因自然環境變遷而自然毀壞的說法已愈來愈有說服力。

支配水源的美索不達米亞

在埃及文明和印度文明逐漸確立的時期，美索不達米亞正處在巨變之中。西元前二十四世紀中葉，閃米特人分支之一的阿卡德人首次統一了美索不達米亞。在阿卡德王國勢力衰微之後，蘇美人曾一度恢復統治（烏爾第三王朝等）。

不過，到了西元前十八世紀，**漢摩拉比王**建立了著名的古巴比倫王國（巴比倫第一王朝）。在這期間，蘇美人活躍的美索不達米亞南部因鹽害使得生產力下滑，政治中心於是移往中游的阿卡德和巴比倫地區。

受到上述政治變動的影響，**美索不達米亞的語言出現很大的變化**。最初奠定文明基礎的**蘇美語被閃米特人的語言（阿卡德語等）取代**。但蘇美語仍持續使用於宗教儀式中，因此使得我們今天能夠將兩種語言解讀之後互相比對。

此外，原本的城邦演變成領土國家（帝國），為此也衍生出一些不可或缺的制度。

一是**「官僚制度」**，另一個是**「法律」**，再來還有**「市場」**。「官僚制度」和「法律」初期在實施時非常困難，可是一旦被人們接納，對國家營運有莫大的幫助。「市場」亦成為陌生人之間有效進行交易的場所。

只不過，具備這三個條件的帝國成立之後，**受惠的全是貴族們，也就是擁有財產的人**。

帝國控制了廣大的疆域，但真正統治成功的頂多是漢摩拉比王時代，要長期維持並非易事。然而耐人尋味的是，**政治權力的中心逐漸往河川的上游遷移**。美索不達米亞南部因鹽害導致生產力下滑是部分原因，但上游勢力控制了運河便控制了水資源，在軍事力以外也占有優勢。

美索不達米亞的歷史可說是在古巴比倫王國第六代漢摩拉比王的治理下，達到榮華的顛峰，除了制定法典之外，也匯整了**數學知識**。

接連不斷征服而日益龐大的西臺王國

西元前二〇〇〇年左右，大河流域以外的地區也開始出現文明社會。其典型就是小亞細亞地區的**西臺**。

西臺是由多民族組成的國家，而且是**四處征服後所形成的社會**，故統治勢力是利用被統治的民族等，成功從文明先進的地區吸取到各式各樣的知識。

巴勒斯坦的迦南人在商業方面很活躍；底格里斯河下游東方的阿拉米人等，在美索不達米亞文明的基礎上學習軍事生活。

此外，高加索山脈北方的游牧民族學會了製造青銅器的技術，壯大其軍事力量，攻進西歐。這股勢力在中東地區取代了古巴比倫王國，建立加喜特（被認為是印歐語系，但仍有許多疑點）和米坦尼（統治階級胡里特人的語族系統不明，被統治階級為印歐語系）兩個國家，甚至在西克索也可以看到其影響力。

創造出巨石文明的愛琴海國家

愛琴海的克里特島上被認為早在西元前三〇〇〇年以前即有人居住，那時期地中海域貿易興盛，其利益孕育了**愛琴文明**。

此外，愛琴海周邊還有希臘人建立的**邁錫尼文明和特洛伊文明**，但都在西元前一二〇〇年左右滅亡。著名的特洛伊戰爭就在滅亡前不久發生。

克里特文明蓬勃發展時，義大利半島南方的**馬爾他島上存在一個擁有巨石建築的高度文明**。西歐的海岸邊有多處像這樣的巨石建築。北法的卡爾納克、英國的巨石陣應該就是其代表性例子。猜想是**擅長航海技術的巨石信仰傳道者周遊各地，向各地民眾宣揚其信仰，令他們建造了這些巨石建築**吧。

季風為海上通路引路

西元前三〇〇〇年到前一七〇〇年期間，中國華北的黃土地帶上栽種著稗和粟，形成人口相當稠密的世界。

關memo

麥克尼爾先生對黃河文明只有極簡單的介紹，也未提及近來備受關注的長江文明。此外，由於稗和粟並非很普通的雜糧作物，他認為與美索不達米亞應該沒有關係，但因中國也有栽種小麥等作物，於是暗示其與美索不達米亞文明可能有關。

在東南亞，**季風**發揮了重要作用。這地區適合栽種根莖類蔬菜和稻米，但播種方式和水源管理很費事，遠比種植小麥需要更多的勞動力。不過**在季風型氣候條件下，不需要人際合作即可完成大規模的灌溉，加上多濕的氣候，不會產生眾人齊心協力的需求**。麥克尼爾先生似乎認為，**因此才沒有出現像中東那樣的大文明**。

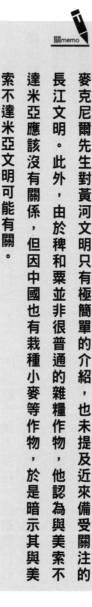

但豐富的生產力在海岸線孕育出許多城市，那些城市從孟加拉到中國延綿不斷，海上交易路徑就在這一個個據點串連起來的過程中逐漸形成。

最後是新世界——南北美大陸，人類經由白令海峽，在西元前八〇〇〇年前左右擴散到全域。在墨西哥中部、美國西南部，及南美的祕魯等地開始種植玉米，在各地留下令人矚目的遺蹟，但就結果來看，並沒有進一步帶動城市的興起或誕生文明。

由上述看來，西元前一七〇〇年以前，人類自歐亞大陸再到非洲，**發展出三個灌溉文明（美索不達米亞、埃及、印度），尤其是在美索不達米亞建立的高度文明更擴展到周邊地區**。其結果導致文明化或半文明化的人，以統治者之姿君臨其周邊未開化的地區。

Section 3

古中東的「世界帝國」與民族的混合

車戰法開拓出新文明

西元前一七〇〇年左右起的三百年期間，文明世界因周邊未開化民族（麥克尼爾先生所說的「蠻族」）入侵而大亂。麥克尼爾先生所說的**「文明世界」**，是從印度到地中海的廣大區域。在那當中，如美索不達米亞和埃及那樣文明的生活方式根深柢固的世界，免於遭到徹底性的破壞。這是因為在埃及握有實權的西克索人和美索不達米亞的加喜特人，積極接納被征服民族的文明之故。然而，印度文明和克里特文明則分別被雅利安人和亞該亞人（希臘人的一支）摧毀。

會產生如此變動的原因在於，這時期出現了**戰術的改變**。

那就是**「車戰法」**。乘坐馬拉的戰車馳騁在戰場上，**憑藉比以往步兵作戰更大的機動力，徹底戰勝敵人**。

不過馬、武器和裝備等花費昂貴，所以雖然戰車的威力相當強大，但是數量非常有限。因而導致軍事指揮權全掌握在貴族菁英手裡。

這是美索不達米亞周邊馴養馬匹的游牧民族，如伊朗、亞塞拜然（高加索地區）等，在學習美索不達米亞文明的造車技術（輕量化等）過程中想出來的發明，自西元前一七〇〇年左右開始普及。

中國文明也出現同樣的情況，在「夏（尚未被證實，但中國人確信其實際存在）」─「商」改朝換代時，有許多地方仰仗車戰法。

此外，在戰鬥中與馬並列，同樣發揮重要作用的是**「弓」**。這是自狩獵採集時代沿用下來的工具。在土地遼闊的地方使用「弓」很有效，運用於團體戰中可取得巨大戰果。

對征服者進行反擊的中東三國

在擁有漫長文明歷史的地區——美索不達米亞、埃及、小亞細亞，這些利用戰車入侵的「征服」並沒有多大的意義。

他們**只短暫地以征服者之姿君臨各地，甚至採納部分原住民族的文明，而原住民族並沒有對征服者完全服從**。

各地方的豪強開始帶頭反擊征服者。

埃及的新王國於西元前一五七〇年左右驅逐了西克索人；在美索不達米亞，亞述在西元前十三世紀驅逐米坦尼，日益壯大起來；小亞細亞的西臺帝國則是改組體制。

而西臺人在敘利亞與埃及和亞述對抗。事實上，西元前十四世紀是小亞細亞的西臺、美索不達米亞的米坦尼，和進入新王國時期的埃及，這三者在敘利亞對抗，與麥克尼爾先生的說明有一點點出入。

這時期的埃及法老是著名的圖坦卡門。在埃及的城市——阿瑪納，發現大量圖坦卡門時期的外交文書（外交用語以阿卡德語的楔形文字為主）。我們可以**從這些史料了解到當時關於策略聯姻和交易的承諾等**種種情形。

大國的戰鬥與和解

另一方面，大國之間的戰爭持續不斷。

西元前十三世紀初（前一二八〇年左右），埃及和西臺之間發生著名的**「卡迭石戰役」**，在兩國的歷史上，雙方都記錄自己獲勝，之後**締結的和平條約留有用埃及的聖書體和用西臺的楔形文字（阿卡德語）寫成的兩種版本**（插句題外話，**這份條約以史上最早的和平條約**而聞名，其複製品被掛在聯合國總部的牆上）。

此外，埃及的法老似乎很難指揮得動有力軍人（貴族）。舉個例子，法老靠著稅金和礦山的利益擁有大量財富，將這些財富分給有力人士雖然能進一步招集更多士兵，可是這些有力人士對法老未必抱持有忠誠心，常常有造反的危險性存在。

法老若沒有支持他的有力人士同意也無法討伐叛逆者，法老和有力人士之間存在著可說是**奇妙的合作（緊張）關係**。

這麼說是因為有力人士和其底下的貧窮百姓之間有著巨大隔閡，這隔閡一直是防止有力人士間對立的主要因素。因為對**有力人士來說，下層百姓的反抗非壓制不可**。

鐵器時代促成經濟上的分工

西元前一二〇〇年左右情況有了新的發展。**鐵器**開始普及，在此之前以戰車兵為主的軍事體制開始出現變化。

一般認為人類在西元前兩千紀左右就知道鐵的存在，一直當它是銅和鉛冶煉過程中的副產物（筆者聽過一種說法，認為是礦石裸露地區遇上山林大火才偶然得知……）。

西元前一二〇〇年左右開始有計畫地生產鐵，但要再過大約四百年才懂得用它製造武器等物品。

鐵的影響非常巨大。首先，**鐵製鐮刀和犁的出現提高了農業的生產力**。因此帶動**「交換經濟」**蓬勃發展，過去農民不敢奢望的紡車和用窯燒製的陶器等**高級品，現在都有辦法弄到手**。也漸漸出現一些製作這些物品的工匠離開城市、長居農村的情形。

像這樣的地區性分工體制讓各個地方有能力迅速從政治上的混亂中復原。而當經濟上的分工擴大到社會的最底層，文明才真正成為不朽。這可以看作是鐵器時代最大的成果。

人類變得愈來愈依賴交換經濟而難以自拔。

「騎馬戰法」更進一步推動世界前進

「騎馬戰法」在西元前九世紀到前八世紀之間誕生並流傳開來。騎馬戰法就是士兵騎在馬上張弓射箭的戰法，相較於車戰法因機動性增加，而成為一大威脅。

西元前六一二年亞述帝國滅亡。就是遭到美索不達米亞周邊的游牧民族，來自北方的辛梅里安人、斯基泰人，及來自東方的米底亞人等的騎兵攻擊所致。

斯基泰人帶著掠奪品返回北方，但米底亞人、巴比倫人和埃及人**三分**了亞述的領土。再加上呂底亞人在小亞細亞建國，使得中東開啟了被稱為**四國鼎立的時代**。

這時巴比倫（我們學的是新巴比倫等於迦勒底）正與埃及爭奪敘利亞，和埃及聯手的猶大王國遭到巴比倫的報復，尼布甲尼撒國王將眾多猶太人擄往巴比倫。即所謂的**「巴比倫之囚」**。這事件成為猶太教（一神教）成立的一大原因。

此外，西元前六世紀中葉，**波斯人居魯士建立了阿契美尼德王朝的波斯帝國**，他的兒子岡比西斯和大流士一世成功將版圖擴大，成為西至埃及，東至印度西北部，甚至推展至中亞的大帝國。

居魯士在帝國內一改過去亞述時期的獨裁統治，**試圖恢復各個地方以往的風俗**，也允許猶太人返回巴勒斯坦（雖然遵命照做的猶太人並不多……）。但岡比西斯和大流士都認為放祭司自由恐增加叛亂的危險，因而恢復亞述時期的統治作風。

不過，這個政權亦維持不久。

消滅這個帝國的人正是**馬其頓的亞歷山大大帝**。

利用道路擴展勢力的波斯帝國

麥克尼爾先生利用這個小節解說中東地區自蘇美人的時代以來，超過二千五百年文明的基本元素。

其一是漢摩拉比王時代已相當成形的**「官僚制度」**。這套制度因亞述人而復活，波斯人也原封不動地繼承其做法。不過，官僚也會受到傳統宗教禮儀和既有習俗的抵抗。

即使如此官僚組織依然能照常運作，是因為已增強軍事性功能的關係。有組織的常備軍指導者可以依其功績升遷，有效地運作，漸漸成為使大帝國長期維持下去的基礎。

波斯阿契美尼德王朝的最大疆域

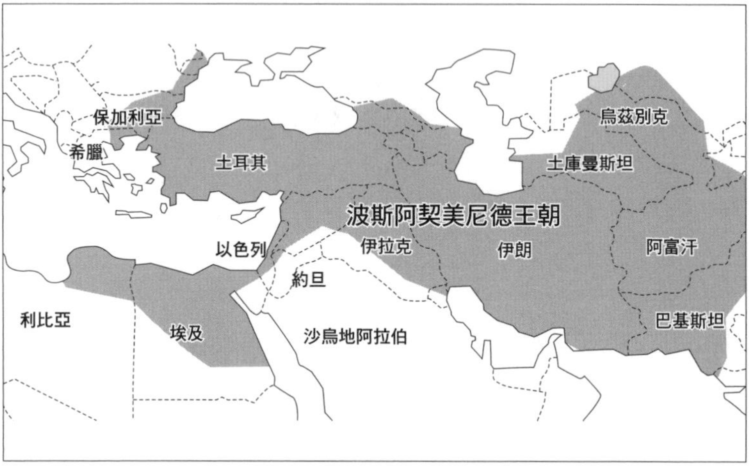

到了波斯帝國時期，官僚組織甚至強化到能夠維持**擁有一萬人的常備軍「不死隊」**。

波斯帝國的**幹線道路及其附屬的信差系統**非常有名，但那是**靠亞述等統治者慢慢充實而來的集大成之作**。

像這樣的社會基礎建設不僅對政治、軍事方面有貢獻，也使承平時人和物的運輸變得更加迅速而安全。商業活動便在這樣的背景下蓬勃發展，**商人們開始享有免服兵役或通商上的特權**。

字母系統的發明

西元前一三〇〇年以前，**文字的標記方法不斷被簡化**，不僅變得容易學，也創造出新的可能性。從埃及和美索不達米亞之間的地中海東岸地區開始，嘗試把過去只有一部分人使用的文字簡化。

這與地中海東岸地區位處發展出聖書體和楔形文字的兩大文明圈之間不無關係。

那裡沒有正式的學校，人們可以自由創作新的文字。在創作過程中漸漸領悟到，**只要用三十多個字母做記錄就夠用了**。如此被簡化了的文字散播到周邊各地，這就是字母系統。

開始對一神教感興趣

在字母系統出現的同時，宗教上也同樣出現兩種立場。

其一是**應強力恢復對舊有神祇的信仰**；另一個則是應**依據新的啟示修正對宇宙的主宰和人類地位的觀念，或視情況取而代之**。可以說，當這兩種思考融合便誕生了一神教。

在這當中受到矚目的是埃及。過去一直關在封閉社會裡的埃及人，在朝敘利亞方面進軍時，對埃及以外的廣大社會深感震撼。

爾後，西元前十四世紀的法老阿蒙霍特普四世顛覆傳統，創立阿頓神，**以埃赫那頓（為阿頓所愛的人）之名自創一神教信仰**。

不過，保守勢力在他死後反撲，阿頓信仰遭到壓制。

跨越地域分界的信仰——猶太教的誕生

巴勒斯坦位處埃及和美索不達米亞之間，理解雙方的文明，卻不被任何一方同化。同樣的文化傾向也出現在伊朗東部，這兩個地方的思想家們開始致力思考人類永恆的課題。

《舊約聖經》上記載，亞伯拉罕（諾亞的子孫）（據推測）在西元前一九〇〇年左右逃出蘇美人的城市烏爾，在美索不達米亞和敘利亞的周邊地帶展開游牧生活。猶太人的歷史接下來面臨的問題是與埃及的關係，而麥克尼爾先生**推測，猶太人和西克索人一起進入埃及，後來帶領猶太人「出埃及」的摩西可能與阿頓派的信仰也有關係**。

帶著猶太人逃出埃及的摩西在西奈山與「耶和華」交換的誓約內容，似乎是要喚醒把沙漠游牧民族的生活習慣拋諸腦後的猶太人。出埃及後，在「定居」於巴勒斯坦的猶太人之間**對豐收之神「巴力」的信仰也傳播開來**。

不過，耶和華信仰並未與巴力信仰融合，與迦南人和非利士人的戰事展開後，猶太人為此不得不先後統一在掃羅王和大衛王的領導之下。此外，**耶和華**

在這過程中從軍事之神變成正義之神，再變成仁慈、允許人懺悔並被寬恕的萬能之神。

耶和華信仰在大衛王之子所羅門王的時代達到顛峰，**這時期的猶太人把重心放在神廟的儀式上**。

不過所羅門王死後，王國的政治力衰退，分裂成北方的以色列和南方的猶大。之後兩個王國分別被亞述和新巴比倫（又稱迦勒底）滅亡。

王國滅亡前不久**《舊約聖經》成書，因此猶太人離開故鄉後，以閱讀聖經取代神廟中的儀式，猶太教自此形成**。

波斯帝國允許猶太人返回故鄉後，多數猶太人並沒有回歸故里。他們的行為舉止與四周的民族相同，說著各式各樣的語言，儘管無法在神廟進行儀式，但靠著聖經而能繼續維持對耶和華的信仰。

麥克尼爾先生將它解釋為「人類將宗教和文化的其他面向分開看待」。若是我來解釋的話，那不就是像多神教時代那種城市守護神的概念逐漸消失，超越地域分界的新宗教誕生的意思嗎？

宣揚「惡」的瑣羅亞斯德教的興起

當猶太教靠著眾多先知和拉比（猶太教的宗教導師）的努力漸漸形成之時，伊朗**出現一個叫做瑣羅亞斯德的人物，他嚴厲批判傳統，宣揚新思想**。他主張宇宙至高無上的神靈「阿胡拉馬茲達」和萬惡之源「阿里曼」對立，而在這二元對立中，善人的義務是必須服從阿胡拉馬茲達的命令。

雖然就結果來看，這二元論的宗教並沒有傳播到伊朗以外的地區，即使在伊朗境內也沒有獲得廣大的支持。不過，有人認為它對猶太教造成很大的影響。

瑣羅亞斯德教並未如猶太教、基督教、伊斯蘭教那樣走上改變世界的道路。但在當時的中東，它試圖指引紛亂失序的人們，尤其是關於「惡」的解釋很有說服力。此外，瑣羅亞斯德教在今日印度仍擁有少數帕西人的信徒（以孟買為中心）。

Section 4

由吠陀、婆羅門、奧義書發展出的印度文明

繼承印度文明的雅利安人

前面也提到過，麥克尼爾先生對開啟印度史的原住民族達羅毗荼人及印度文明著墨不多，而且認為印度文明因雅利安人的入侵已遭毀滅。他的解讀也是以此為前提。

自西元前一五〇〇年左右**雅利安人入侵印度**，持續了約三百年的時間。過

程中，他們**學會了印度文明的農耕方式**。

印度「英雄時代」（非一般常用的歷史用語，但很適合用來形容從原始社會到階級社會的發展過程。指西元前九〇〇年左右起的印度）的遺蹟少之又少。但由《梨俱吠陀》和《摩訶婆羅多》的記敘中，可知印度也有過一段**貴族的車戰時代**。

西元前九〇〇年左右鐵器傳入後，窮人也開始會武裝保護自己，貴族的優勢被顛覆，不久小國林立（這時期被稱為十六大國時代，當中的摩揭陀和拘薩羅兩國勢力強大。釋迦牟尼去世後，摩揭陀國的孔雀王朝統一北印度）。

文明轉移到恆河流域

鐵器的出現為印度人的生活帶來改變。因**森林的開發**出現了**大量肥沃的土地**。加上季風帶來豐沛的降雨，開啟了**稻米的栽種**。

稻米的**收穫量比大麥和小麥要多**，漸漸能**養活城市裡的居民**。在這過程中，恆河流域開始走向文明化的複合社會，另一方面，依靠火耕的印度河流域則逐漸成了落後地區。

在恆河流域，農民拜水田之賜得以長住在這片土地上，又因產量豐富，即使被徵收（當作稅金）相當的量，依然能生活得下去。

其結果是，恆河流域開始**誕生擁有官僚、軍人等下屬的王國**。並以宮廷為中心，發展出高度的工匠技術。

跨地區的交流漸趨興盛，不只是印度河流域，到了西元前八〇〇年左右，印度與美索不達米亞之間（亞述帝國時代）的交易活動也再度恢復。

印度兩大河的位置圖

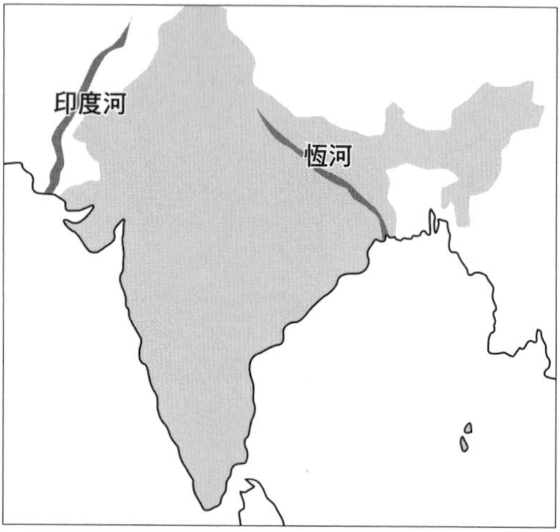

阻礙國家發展的種姓制度

麥克尼爾先生認為飲食、通婚和排除他者是「種姓制度」的基礎。結合後來的發展來看，種姓制度的起源可能有三：①儀式的純淨觀；②窮人和賤民也試圖維護自己固有的風俗習慣；③轉世和瓦爾那的教義。第③的瓦爾那把人分為婆羅門（祭司）、剎帝利（戰士）、吠舍（商人等）、首陀羅（從事不潔工作的人）四種等級（前三個等級為雅利安人，第四個等級非雅利安人），但實際上存在數百種（現在一般認為是三千或四千）種姓。

而雖然存在這麼多種姓，但藉由「轉世」（如果日常過著良好的生活，來世就能投胎上層階級。當然也會有相反的情況）可獲得昇華。

種姓制度削弱了政治、領土治理的重要性。所有人都隸屬於某個種姓，行事上盡量避免與其他種姓往來，以免遭到汙染。因此，統治者和官吏是不受歡迎的外人，維持最低限度的關係就好，所以**對國王的忠誠心極為淡薄**。印度歷史上的王國之所以脆弱即起因於此。

種姓制度讓印度文明變得容易吸納新的團體。因為新的團體只要製造一個屬於自己的種姓，就能在種姓內部維持自己傳統的風俗習慣。

關memo

插句題外話，雅利安人宗教（婆羅門教）的基本經典是《吠陀經》，這些經典被用來當作宗教儀式的指南。大致上有四部。①《梨俱吠陀》是讚頌諸神（以因陀羅為主）的詩歌；②《娑摩吠陀》是舉行儀式時所唱的聖歌；③《夜柔吠陀》是儀式中誦讀的韻文；④《阿闥婆吠陀》則由咒語集結而成。

除此之外，還有解說這些經典的「梵書」。

印度教的開端

種姓制度最上層的婆羅門（祭司）階級中，漸漸出現以沉思（擺脫輪迴）而非主持儀式（為祈求長壽、富貴等）為主的人。

他們所確立的學問體系為**奧義書哲學**，他們透過自我陶冶、冥想、禁欲等的實踐，發現真理的奧祕。

關於奧義書哲學的形成及其形成期間，麥克尼爾先生判斷是在印度社會情況轉變，也就是恆河流域開始出現中央集權式官僚國家的時期。他推測當以往的秩序瓦解，**在遠離城市自由的環境中，人們開始尋求禁欲主義式的新價值觀**。

麥克尼爾先生更進一步從心理面思考奧義書哲學的形成。他指出，奧義書發展無神的禁欲主義，「梵書」則恪遵儀式的細節，婆羅門們面對這樣的對立找到了融合的方法。

就是人生到了盡頭，奧義書的哲學自然有其適當的意義。

就這樣，融合了《吠陀》和奧義書的宗教傳統後誕生出印度教。

耆那教與佛教

西元前五〇〇年左右，耆那教和佛教成形。前者**由瑪哈維拉（伐達摩那）**、**後者由喬達摩・悉達多**創立，兩者都將奧義書哲學中的抽象思想普及化，也就是以**消滅自我**、**擺脫輪迴作為最高目標**。不過，耆那教始終局限於知識菁英的信仰，要求極端的禁欲主義，因此並未如佛教那樣普及。

反觀佛教，悉達多年輕時也曾苦行，但後來提出一條介於放縱自由和禁欲式苦行的中庸之道。他與他的弟子過著冥想、討論和乞討的生活，並持續地追求**「八正道」**，**也就是正見**、**正思**、**正語**、**正業**、**正命**、**正進**、**正念**、**正定的實踐**。因婆羅門的關係，佛教未能在印度普及，但卻在中國、朝鮮、日本及東南亞擴大其勢力。

Section 5

市民＝戰士＝城邦保衛者！

希臘文明的形成 直到西元前五〇〇年

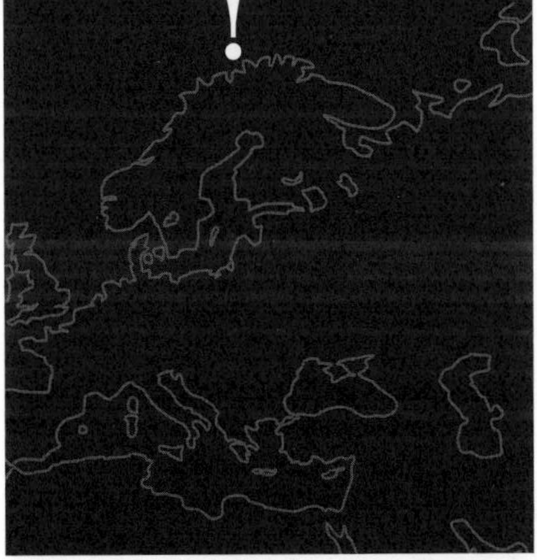

飄泊的古代希臘人

在印度文明形成的同一時期，希臘也誕生了新的文明。初期階段兩者雖有相似之處（即「馴馬者」征服農耕社會。兩者都是騎馬民族），但本質迥異。希臘不是採神祕主義，而是**用自然法則來解釋**世界和人類，並將政治組織**塑造成領土國家**，相信它優於其他一切人類結合的原理。

印度的雅利安人為內陸民族，但入侵愛琴海的希臘人早已熟悉海洋。其一部分進入文明先進的克里特島，學習西元前一四〇〇年左右起便存在於那裡的克里特（米諾斯）文明，其中之一就是文字。用所謂的**「線形文字B」**（線形文字A為原住民克里特人的文字，尚未被解讀）和古希臘語留下各種各樣的記錄。

希臘人也在巴爾幹半島上興建城市，其中之一的邁錫尼人自西元前一四〇〇年左右起四處侵擾愛琴海周邊地區，並使得克諾索斯覆滅。

大約西元前一二〇〇年時，東地中海遭到「海上民族」大肆略奪，其中有一部分即是上述的希臘人。

「海上民族」的其中一支是長住在巴勒斯坦的非利士人。因荷馬的敘事詩而聞名的「特洛伊戰爭」——特洛伊城被攻陷亦是在這個時期。

作為防衛據點的城邦誕生

在「海上民族」的遷移活動告終時，**多利安（多利斯）人來到了**巴爾幹半島。他們的入侵摧毀了邁錫尼文明，但**同一時期「鐵」也在巴爾幹半島上傳播開來。貴族的車戰法敗給了使用鐵製武器的地方部族。**

多利安人在入侵的各個地區定居下來。有一群人逃離那裡後，長住在小亞細亞的海岸地帶（被稱為愛奧尼亞人）。

為防範原住民族的攻擊，他們建設防衛據點，這就是城邦。他們在城邦裡逐漸**建立起所有人都同意的成規慣例和領導方式**。

希臘本土的城邦建設遠比愛奧尼亞地區的城邦建設來得晚。半遷徙性格的宗族先是長住在一個固定區域，接著與鄰近的宗族結合組成領土單位，然後才建設城邦。

暴力事件減少，人口增加，造成土地不足，定居農業逐漸普及。定居人口愈來愈多後，地方領袖們發覺所有人集合在一定的地點，**透過由君主主持的會議商討問題很方便，並進一步任命某些人在會議未召開期間處理全體共同的問**

題。此外，也開始出現**君主的權力應該受到制衡**的想法。

行政長官就在這樣的情況下誕生。他們開始代替君主行使權威，也有些城邦的君主是由特定家族世襲。

城邦經濟因橄欖和葡萄而受惠

城邦人口持續增長後便**往海外移民**。移民會擔任內陸原住民與希臘城邦間交易的貿易仲介。希臘諸城邦開始**製造葡萄酒和橄欖油作為特產品，對遠距離貿易帶來刺激**。

這兩項產品需要特殊的風土和技術，原住民嘗過那滋味後，會用穀物、木材和其他商品來交換。這兩項商品衍生出巨大的利益，在它們持續增產期間，城邦的人口增加到超過城邦穀物生產所能供應的極限。西元前六世紀，小亞細亞的呂底亞王國發明出貨幣，成為希臘這種交換經濟的潤滑劑。

城邦的市場經濟逐漸擴大到社會的底層。

對希臘人來說，**有橄欖油和葡萄酒可以輸出（以換取穀物輸入）是一大優**

勢。能夠生產這兩項產品的沿岸地區漸漸出現大城市。

此外，**愈來愈多農民會參與城市的商業活動**。在古代中東，穀物要用來繳稅和地租，農民從未參與過城市生活。可是在希臘，**橄欖油和葡萄酒的生產者被視為理想的市民**，以買家、賣家的身分進出城市，餘暇時還能參與公共活動。

再者，由於出現「市民」一詞，我補充說明一下，**古代希臘的市民指的是「守護城邦的人」，意即「市民最大的義務為守護城邦」**。這觀念經過發展還推演出「城邦至上主義」，即**「一切以城邦優先的世界」**。

希臘方陣的效果

西元前六五〇年左右，「方陣部隊（phalanx）」問世，**開啟了農民可以當兵之路**。「方陣部隊」是由橫向八列組成的密集步兵隊，每個人手持長槍集體進攻。即使對手是騎兵隊，也能將它從戰場上肅清。

不過這麼一來，為了作戰就需要徵集眾多士兵和訓練。斯巴達為了盡全力組成大型方陣，甚至將服兵役定為全體公民的義務。

雖然沒有城邦像斯巴達做得這麼徹底，但多數城邦都修正以往的貴族制度，開始重視有能力自備武器加入方陣部隊的市民集會所下的決定。

為了以方陣部隊的方式作戰，**全體士兵必須要團結合作，因此會進行長時間的訓練。這應該會讓全體士兵產生連帶感，同時對自己居住的城邦感到驕傲。**

早期貴族制度的時代，貴族們浮誇的自我表現很引人注目，但**改採方陣部隊後，軍隊開始被強制要絕對服從紀律**。這原則也被帶進市民生活中，使得隨便彰顯自我的行為消聲匿跡。自我表現的競逐從個人層次被提升到城邦整體的層次。**「奧林匹克運動會」**正是其實踐。

城邦在希臘文化中的優越地位

在文化面上，城邦的存在也愈來愈具意義。希臘宗教包含了兩種元素。一是**圍繞著奧林帕斯山諸神的故事**；另一個是與過去生活在這片土地上的人所信仰的**豐收女神有關的神話**。祭司和詩人們試圖為諸神整理出秩序，於是**赫西俄德寫出《神譜》**。不過**荷馬未能為這些互不相容的神祇整理出一個譜系。這樣的混亂開啟了每一個人的思索之路，成為哲學誕生的前提**。

城邦聚集的財富日益增加，**富豪們將儀式禮法變成一場豪華的演出**。崇拜奧林帕斯諸神的元素和對原住民族神祇的崇拜，在這過程中互相交融。

至今依然留存的大型建築也是西元前六世紀中葉在城邦體制下誕生。雕刻師為了神廟壁面和山形牆的雕刻大展身手，古希臘藝術**最重視的是公共目的，也就是以神和英雄為描繪的主題**。

詩歌則迎合貴族的喜好，有標榜個人和頌揚個人成就的傾向。

不過，西元前五〇〇年前後出現了**「戲劇」**，漸漸與城邦的喜好合拍。

就像訓練有素的方陣部隊受到一個意志激勵，團結一致衝入沙場一樣，古典時期的希臘人有**自比為荷馬筆下英雄人物的傾向，願意為城邦整體的榮譽不斷努力**。希臘人便藉由這種方式讓方陣部隊奉行的行為主義和古代貴族的自我表現和諧並存。

城邦解決了許多問題，但依然有人不滿意，轉而學習東方（古中東）的知識，過程中有一些人發覺到，東方的知識中無法給予他們例如行星逆行現象的解答。

致力鑽研這類問題的是**移民至愛奧尼亞的人**。他們不再依靠神祇的解釋，開始想像自然法則是一種宇宙綜合的力量。**認為宇宙由非人格性且恆久不變的法則主宰。**這正是一切歐洲思想步上無止盡成長之路的起點。

Section 6

商、周為征服王朝？

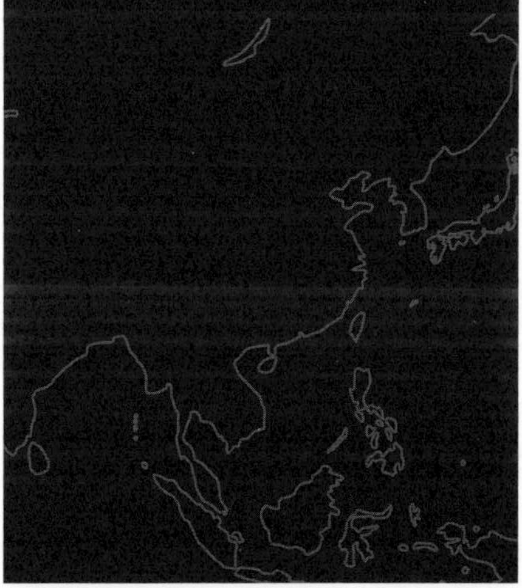

變化無常的自然
形塑了黃河流域的生活形態

黃河中游土壤肥沃，但常氾濫且降雨不規律，時而乾旱，時而大雨傾盆，屬於不穩定的自然環境。

農民在西元前三〇〇〇年以前開始在這樣的地區栽種稗和粟之類的作物。

之後雖然從中東傳入大麥、小麥，從東南亞季風區傳入稻米，但**在經常缺水的地區，粟、稗、大麥、小麥的栽培要比稻米容易持續下去**（此外，關於中國彩陶文化起源於中東的說法很有說服力）。

發明漢字原型的商朝

先不論一般認為尚屬傳說性質的**「夏」朝**（不過現代中國人認為它確實存在），**商朝**倒是有河南省安陽挖掘出的遺址作為關鍵性證據。

在商朝存在的年代方面，麥克尼爾先生採用西元前一五二五～前一〇二八年的說法。他**反覆強調商朝是由一群自西方長途跋涉而來的人所建立，並據以推斷戰車技術和製作青銅器的技術都是從西方傳來**。

「甲骨」是安陽遺址出土的重要文物。上頭顯示了對攸關未來的急迫問題的占卜與回答，**這成為漢字的原型**。

但可惜的是，有關商朝的社會和政治方面，從這些珍貴的文字史料中能獲得的知識很少。頂多知道商朝好戰、貴族統治，並擁有一小群工人專為貴族生產精美的物品。

不過，大多數人都從事農耕，與貴族式的生活無關。

由「天子」統治的周朝

推翻商朝的是自陝西省渭水流域崛起的「周人」。

前期即西周（前一〇二八～前七七一年）將國都設在鎬京，後期即東周（前七七〇～前二五六年）設於洛陽。前期統治中國北部（華北）廣大區域，後期的統治範圍只剩下國都周邊（即使如此，直到西元前四〇三年以前，也就是後期的前半，各國仍然承認周朝的權威，之後便完全被忽視，下剋上、弱肉強食的情況逐漸加劇，西元前二五六年滅於秦）。

貫通日後中國歷史的根本性思想在周朝（西周、東周併稱）被初次闡明。推翻商朝的周朝統治者將這樣的政權篡奪解釋為基於**「天命」**（以理論來說明這思想的是孟子的革命論）。使得好皇帝會帶來和平與繁榮，惡皇帝則相反的想法漸漸普及。

中國史上，**「天」是總管這世界的最高主宰**。受天之命者為「天子」，等同於「皇帝」。

周朝初期周王的權力強大，與地方貴族之間靠著以周為中心的封建制度（在中國，血緣關係是核心）連結。貴族的子弟學習有益維持社會秩序的禮節，他們除了識字，還身兼統治者、戰士、神官和書記官。這些角色在中東一直是由不同的人分工，因而顯出中國史的獨特性。

從周朝東遷（前七七〇年）到**「秦」統一中國**（前二二一年）為止，統稱為**春秋戰國時代**。戰國時代因為政治混亂，流亡者遷居各地，必然使得中國文化被傳播到周邊的民族，北至中國北部海岸地帶，南至長江流域。在諸國對立之中，官僚治理技術和便於官僚治理的社會體系形成。

中國文明在西元前五〇〇年之前已建立明確的風格（與支撐周朝體制的儒家思想和與其對應的封建制度相反，以秦為主的各國計畫實施根據法家思想而設立的郡縣制，也就是中央集權式的國家體制）。

從商朝到秦朝的變遷

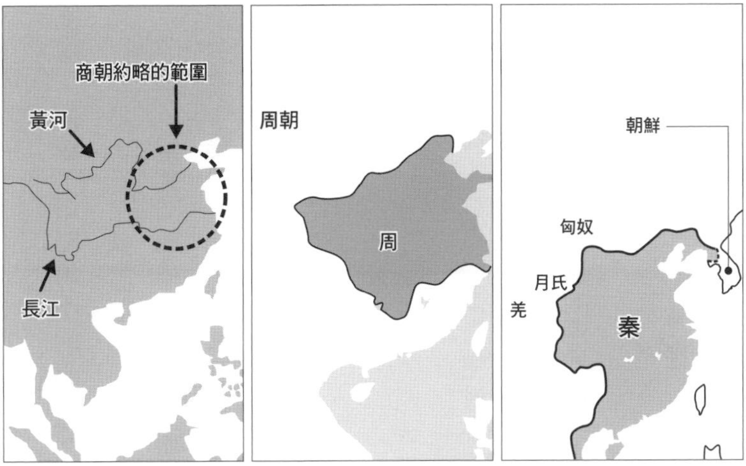

儒家與道家

在反覆不斷的戰爭中，「恪遵古來禮法乃維繫人類社會秩序與繁榮之基」的思想已不切實際，**由專家和政治人物主導的追求合理性、不講情面的思想**生成，那就是**「法家」**。

不過，法家思想並未普及，而是**和諧的儒家信仰逐漸為人們接納**。

孔子期望做官從政，但未能實現願望，不過他的弟子們在政治舞台上實現了孔子的理念。他認為最大的問題是**仁者如何能在亂世中好好生存下去**。

孔子的弟子們記錄下老師的言論並加以校訂，作為老師的智慧結晶流傳於後世。

研讀古代經典成為有學問的人的標記，**巧妙地引經據典再以古典文體寫作文章，便成了中國紳士的必備才能**。

不過，孔子的論調並不能滿足所有人。日後又出現眾多流派，其中一個重要流派是**道家**。道家帶有幾分祕儀式的魔力並強調儀式，與期待長生不老的巫術有不少相似之處，後來受到佛教傳入的刺激，開始建立自己的學說體系。

而且道家彌補了儒家無法涵括的部分，讓中國人的世界觀變得均衡。換句話說，兩者以互補的形式存在。道家和儒家罕見地形塑出穩定的思想形態，一直延續到二十一世紀。

關memo

然而，麥克尼爾先生似乎不太重視秦始皇的成就。通常概論類的書都會介紹諸子百家，可是麥克尼爾先生只介紹儒家和道家，再稍微提到法家，感覺有點意猶未盡……。

Section 7

「周邊」發生了什麼事？

蠻族世界的變遷 西元前一七〇〇—前五〇〇年

澳洲和美洲大陸的動態

種種文明在中東完成，加上印度、希臘、中國新興的高度文化，文明世界對未開化世界的影響漸漸開始多樣化。不過，在人類可能居住、更加遙遠的地方，並未發生重大變化。

澳洲和南北美大陸上持續著單調的活動。在美洲大陸，墨西哥和瓜地馬拉靠著栽種玉米，成為人口相對較為稠密的中心區。祕魯的發展則比墨西哥稍晚。

撒哈拉以南的非洲也一直隔絕於世界其他區域。**在西非，食用植物混合栽培相當發達。**東非即使偶有文明社會的船隻駛來，但埃及文明一直滲透到努比亞（蘇丹），其與周邊地區的關係如何並不明朗。

腓尼基人和伊特魯里亞人的動態

鄰近文明發達中心的地區可以略窺重大變遷的遺跡。

比方說，**地中海的西部不僅是希臘人，也是腓尼基人和伊特魯里亞人移民定居的舞台。**腓尼基人不僅在西元前八〇〇年左右建立了迦太基，也在西西里島等地**建設「移民城市」**。

第二支來自東方的文明人是**伊特魯里亞人**，他們的起源始終成謎。西元前八〇〇年左右，他們在義大利建立城鎮，與希臘人和腓尼基人的城鎮一樣，將文明生活的優點傳播到地中海沿岸地區。

自乾草原往西的遷移

麥克尼爾先生所說的「乾草原（steppe）」，感覺**主要是指「南俄羅斯」到「匈牙利大草原」一帶**。

西元前九〇〇年左右起，騎馬戰術開始普及，**斯基泰（被認為屬於伊朗語族）人以南俄羅斯為中心建設了強大的國家，並與希臘等地進行交易**。

而被趕出匈牙利的**凱爾特語系各部族，製造大型刀具取代弓箭，征服了法國、西班牙、不列顛群島、愛爾蘭、義大利等地，並與地中海的迦太基等民族進行交易**。

乾草原的東方有何動態不太清楚。不過，可以確定的是騎馬術和游牧技術也傳到了草原的東方。

當西元前四〇〇年左右，乾草原由西到東全是游牧民族時，強有力的東、西元素（應該是游牧民族之間互相矛盾的部分）開始起作用。

然後，就在這時**民族由東往西遷移**。蒙古高原自然條件的嚴峻促進了這樣的遷移。乾草原南邊的文明世界一大意便成了襲擊的對象，許多部族因而立刻向有力者靠攏，結成龐大集團。

西元前六一二年斯基泰人加入圍攻亞述首都尼尼微的軍隊，就是其中一個例子。米底亞和波斯看到這種情況，便採取以夷制夷的方式，雇用游牧民族守在中東的邊界。

此外，麥克尼爾先生的解說將越南的東山文化（西元前五世紀左右起在東南亞一帶發展的青銅器文化）和中亞連上關係。

也就是說，麥克尼爾先生**跳躍式地推論，少數騎馬民族從阿爾泰山脈往南經由四川，征服了越南的東山民族**。更進一步斷言，**東山民族為航海民族，婆羅洲和菲律賓的馬來人是他們的後代，還說他們曾在馬達加斯加島和太平洋一帶航行**。並且指出，**墨西哥和祕魯初期的文化與亞洲南部海岸的文化的相似性**。

到了西元前五〇〇年左右，舊大陸的四個文明圈（歐洲、中國、印度、伊斯蘭）不再像過去那樣對古中東諸文明懷有自卑感，也沒能具備同等力量，但各個文明圈逐漸擴大、深厚且豐富起來。

爾後長達兩千年的時間，四大文明一直持續保有各自的獨特性。這也許可以看作是「四大文明處於均衡狀態」。這些文明曾多次受到「衝擊」，動盪不安，但地域固有的勢力都能排除危機。不過，伊斯蘭教的發展卻具有可能摧毀這平衡的力量。

第Ⅱ部

所有文明均衡發展、彼此相連的世界

Section 8

紛亂的希臘

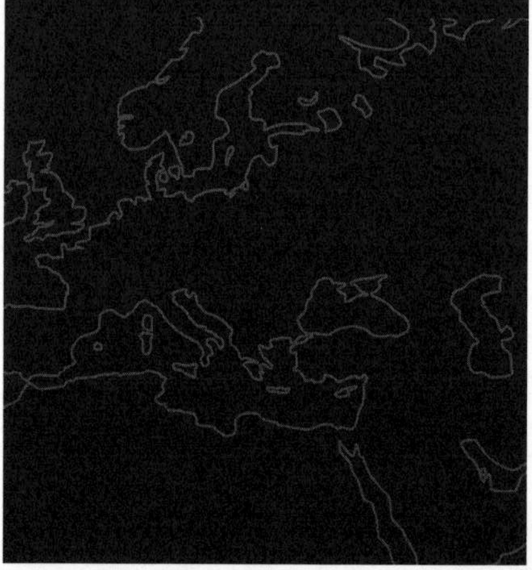

「文明的均衡狀態」因波斯戰爭而生成

西元前五世紀初，愛奧尼亞諸城邦的叛亂開啟了**波斯戰爭**。但西元前四九〇年的馬拉松戰役、前四八〇年的溫泉關戰役和薩拉米斯海戰希臘都獲勝，隔年西元前四七九年又吃敗仗的波斯，終於放棄征服希臘的念頭。

波斯帝國大軍的糧食問題等，像是「後勤補給很糟」被認為是波斯敗北的一個原因。

之後希臘諸城邦與波斯之間仍然不斷爆發小規模的戰鬥，不過幾乎全是希臘獲勝。

在這個部分，麥克尼爾先生是以四大文明圈的成立，與歐洲（「古代」希臘也被算是歐洲）和中東之間**形成「均衡」狀態為前提來介紹波斯戰爭**。波斯戰爭的出現雖然令人感到有些突然，但從西元前五〇〇年左右這個時代劃分來看，也可說是極佳的里程碑。

順帶說一下，城邦間以雅典為盟主的反波斯軍事同盟為「提洛聯盟」，而與之對抗、以斯巴達為首的反雅典同盟為「伯羅奔尼撒聯盟」。兩者在西元前四三一年爆發激烈衝突，**認為城邦至上的古希臘思想漸漸動搖**。

階層失衡的希臘城邦

波斯戰爭中，在海上進行的戰鬥（薩拉米斯海戰）為雅典國內的「政治平衡」帶來巨大變化。

過去，守衛城邦的軍事力量以重裝步兵為核心，重裝步兵（武器自理，所以擁有財力）必須是擁有財產的人。

然而，**窮人階層藉由當戰船的槳手保衛城邦，也能提升他們的政治地位**。古代城邦對保衛城邦的人會保障其市民資格，為戰船（三槳座戰船）划槳也能獲得這資格。這些措施有助於保衛城邦，而**窮人階層因此獲得參與城邦政治的資格後，原本是重裝步兵核心的農民反而被擠到邊緣**。

即使在這樣的狀況下，貴族依然擁有強大的力量。不過，與反對勢力（反對雅典諸城邦間的霸權）之間發生「伯羅奔尼撒戰爭」的結果，使得他們也失去了領導權。兩相結合之下，城邦內各階層間的對立愈趨嚴重，甚至連市民對城邦的忠誠心也日益淡薄。

希臘人的自信創造出洗練的文化

從波斯戰爭終結到伯羅奔尼撒戰爭爆發的半個多世紀，稱為**「古典時期」**。戰勝東方大國波斯**帶給希臘人莫大的自信**。尤其是雅典人，對自己的體制（民主制）的優越性感到驕傲，其他城邦也受其影響。希臘便**以雅典為中心，在戲劇、歷史、哲學、修辭學、雕刻、建築等方面為後代歷史留下了典範**。

★戲劇

從對酒神狄奧尼修斯的讚美詩演變而來，古典時期的雅典創作出許多對音樂、舞台、服裝等一切都**很講究的悲劇，和探究人類生命根本性問題的故事**。被稱為三大悲劇作家的**埃斯庫羅斯、索福克勒斯、歐里庇得斯**藉由自身的想像力和洞察力，**從神與人、命運與自由意志、個人責任與公共責任等角度去刻畫人內心的糾葛**。也可說是三人各自以自己的方式對傳統和宗教的挑戰。因此，歌頌眾神的詩篇逐漸消失，他們之後不再有優秀的悲劇作家，**新作品漸漸**

以喜劇為主流。

★哲學

哲學是利用**沒有獲得所有人支持也沒關係**的這項優點發展起來。

希臘學問的發祥地不是雅典。不過，（哲學）**在民主制進入鼎盛期的雅典卻很發達**。但同時宗教勢力也很強大，有哲學家因而遭到放逐，可是辯論術也幫了忙，被稱為「辯士」的集團便受到看重演講等修辭技巧的政治體制禮遇。**他們的話語中產生的邏輯性成了對傳統的批判，吸引對體制感到不滿的年輕人支持**。

相對於這些辯士們的立場，雅典市民可說是相當保守。**當中有人儘管忠於市民的義務，卻無法順從體制，這人就是蘇格拉底**。他向所有市民提出自己的疑問，對於他執拗地追問卻回答不出來的市民們，最後判處他死刑。不過，他順從於自己相信的正義，寧可選擇死亡，也不願背棄自己的處世之道。

為蘇格拉底辯護的弟子**柏拉圖**，也發現存在於雅典事物背後普遍性的真理，為傳統和規範辯護。柏拉圖提出「理型」和「現實」的問題，為日後的歐洲哲學帶來很大的影響。

對柏拉圖來說，最大的課題是政治。他追求廣泛實行好人正義的政治（哲人政治），但在實踐上卻一敗塗地。

在柏拉圖設立的「柏拉圖學院」學習的**亞里斯多德**對世界萬物無不感興趣，四處布下邏輯之網，得出合乎中庸之道的答案。這對於後世哲學可說是造成決定性的影響。

★科學、修辭學、歷史學

希臘的科學**在馬其頓抬頭、雅典衰微之後興盛起來。**

不消說，**柏拉圖也研究幾何學，亞里斯多德則將物理學系統化。希波克拉底**使疾病脫離巫術、宗教的世界，透過觀察和診察，確立醫學的基本立場。

修辭學作為政治演說的技巧慢慢發展起來，在民主制步入衰退期後仍然繼續受到推崇。**人們鑽研演說的技巧，開始頌揚精練的演說本身，而不管演說者的意圖。城邦失去主權後，依舊被當作教養的一部分受到重視。**

歷史學也在希臘世界出現獨立的新發展。

荷馬的《伊里亞德》裡還是人與諸神混合雜處的世界，但西元前五世紀成書的**希羅多德**的《歷史（希臘波斯戰爭史）》已體認到人類違抗不了命運，又加上人類的高傲和自負會招致神明懲罰的觀念。並很有把握地寫到，希臘的勝利即是**民主制優於集權專制的明證**。

而以《伯羅奔尼撒戰爭史》之名留下伯羅奔尼撒戰爭記錄的是**修昔底德**。他曾參與這場戰爭，但因戰敗被逐出雅典，成為伯羅奔尼撒戰爭的觀察者。不過，他**不是站在一個冷酷無情的旁觀者立場**，而是相信**人類世界所發生的一切都是應順從的超自然宿命**。

想必在這過程中，他在雅典所看到的景象是，一個傲慢不遜的城市遭受難以預料的天意懲罰。

Section 9

希臘化時代～從希臘的海變成羅馬的海

希臘化文明的傳布 西元前五〇〇－二〇〇年

Hellenism」一詞代表「希臘風格」的意思。一般的認知，要到西元前四世紀後半亞歷山大東征以後才適用此一名詞。它指涉東西文明融合的世界，前五〇〇年起就稱「Hellenism」，總覺得有點怪。不過，希臘人從前八世紀起就活躍於地中海一帶，羅馬（共和國、帝國）也深受希臘的影響，這樣想便覺得此時代劃分也有道理。

麥克尼爾先生的具體記述從馬其頓開始。

勃興和衰退皆一瞬的馬其頓

希臘北部馬其頓地區的居民雖然同樣屬於希臘民族，卻被希臘人稱作「barbaroi（意為異族）」，長期受到輕視。

可是**這地區的君主非常愛慕希臘文化**。他們**利用經營礦山和礦產交易所獲得的產品，培育矢志效忠的部下**。

君主直屬的軍隊會進行重裝步兵的軍事訓練，不久便具備強大的軍事力量，在**亞歷山大的遠征中**扮演重要角色自不待言。

接連打敗阿契美尼德王朝的波斯軍隊，將領土擴張到印度西北、中亞的亞歷山大，在各地實行東西「融合」政策，但這項政策未必都能成功。

因遠征距離太過遙遠所衍生的部下不滿等，亞歷山大決定返國，卻在回到巴比倫時突然逝世。

部下們圍繞著繼承問題展開鬥爭，最後導致廣大的帝國四分五裂。

創造新文化的希臘移民

眾多希臘人跟隨著亞歷山大遠征，他們後來**有的務農、有的從軍，成為塞流卡斯王朝（現今伊朗周邊）和托勒密王朝（埃及）國家體制的基礎**。

這個時代，希臘本土過去城邦的規範已蕩然無存，貧富差距擴大，亞洲式的階層社會逐漸形成。

富裕階層學習到豐富的希臘文化，而在亞洲地區也輕易地擴散普及。在這過程中，**希臘語在中東地區漸漸被推廣開來**。日後希臘文之所以和聖書體一同被刻在埃及的羅塞塔石碑上，就是基於這樣的緣由。

★宗教上的變化

遷移到中東的希臘人對很多事都感到驚訝，其中之一就是宗教。**希臘的宗教被總括成「奧林帕斯十二神」**，中東地區的宗教則**給予貧困階層對來世的美好想像**。

有人熱愛這樣的新思維，也有人為活出更好的人生轉向哲學探求。然而，待羅馬人也進入希臘化世界後，愈來愈多人開始**各自尋求能夠觸動心弦的信仰**。

不過，由於希臘人和猶太人對事物的感受不同，猶太教並沒有在希臘人之間普及，而是像**密特拉教**這樣的宗教為人們所接受。

密特拉教在基督教國教化前的羅馬十分興盛。

滿溢人類情感的文化

西元前七世紀取代亞述建國的新巴比倫，是個閃米特語族迦勒底人的國家。所謂**「迦勒底人的智慧」，指的是此時期十分發達的「天文學」，希臘人關注其中留下的日、月蝕等觀測記錄，將它們發揚光大**。出現宣揚日心說（太陽中心說）的**阿里斯塔克斯**，和巧妙解釋恆星與行星運動關係的**希帕恰斯**等學者。

天文學也被應用在占星術上。即由過去天空中發生的事和地上發生的事之間的相互關係，預測未來將發生什麼事的學問，自此之後持續受到人們歡迎。

西元二世紀，亞歷山卓出身的**托勒密**總結了過去天文學的成就，即今日以《天文學大全》之名傳世的書籍。

除此之外，這時期登場的科學家有醫學上的**蓋倫**、幾何學的**歐幾里得**（歐幾里得幾何學），以及發現浮力原理等的**阿基米德**。

有關建築和雕刻方面，雖然在城市建設上沒有新的發展，但相對於雅典全盛時期以對稱和協調為宗旨的傾向，**希臘化時代受到個人主義發展的趨勢影響，漸漸真實地表現出人類的情感**。

在文藝、歷史等方面，修辭學式的美麗辭藻增多，平民在假面劇中找到對文化渴望的出口。

「分而治之」，一步登天的羅馬

西元前六世紀末起，「羅馬」正式在義大利半島上展開活動。努力要擺脫充塞四周的希臘和伊特魯里亞文化的腐敗墮落，強推質樸剛毅的拉丁文化傾向。

羅馬因為擁有眾多吃苦耐勞的農民而成功，此外習慣**與周邊民族之間建立的「聯邦式」關係**，也是羅馬能夠實現半島統一的部分原因。從羅馬的立場來說，就叫做**「分而治之」**。

統一半島的羅馬，與在地中海擁有龐大勢力的迦太基發生**布匿戰爭**。一百年間大戰了三回，**羅馬因為這場戰爭逐漸成為海上霸權**。迦太基的猛將漢尼拔雖然讓羅馬吃了不少苦頭，最終還是滅亡。

這段期間，半島上諸城市皆繼續留在羅馬統治下，沒有叛離。

這場戰爭並讓羅馬社會產生巨大改變。

說起來，羅馬自西元前六世紀以來就一直在進行身分鬥爭，消除貴族和有產平民的對立。但前二世紀以後，因戰事延長等因素，農民階層急劇沒落，使得平民失去了權力的基礎，力量衰退。傳統貴族的勢力抬頭，但即便這樣，元老院的政治權力依然強大。因為元老院握有指導作戰的大元帥（指揮官、將軍）任命權。

從羅馬「共和國」的瓦解到「元首制」

繼布匿戰爭之後，羅馬開始進攻希臘化世界。

關memo
麥克尼爾先生寫道，馬其頓被納入羅馬統治之下代表希臘的解放。他的意思應該是指城邦世界的瓦解吧。

與此同時，希臘化文化傳入羅馬，奢侈的風俗在羅馬人之間蔓延開來。更甚的是，伯羅奔尼撒戰爭後希臘的農民和富裕階層的兩極分化愈來愈嚴重。農民的沒落導致軍隊職業軍人化，擁兵自重的將軍們的對立也加深（馬略和蘇拉的對立為代表性例子）。

於西元前一世紀中葉登場的**凱撒**是走向獨裁體制的重要舵手，但遭共和派刺殺身亡，後來由他的養子**屋大維**實現那夢想。**奧古斯都**（至尊者）是對屋大維成就的尊稱，在羅馬歷史上成為他的專屬稱號。

屋大維（奧古斯都）以後的羅馬政體被稱為「帝制」。不過**他堅持「共和**

制」的傳統，強調自己是「Princeps（羅馬第一公民，元老院首席議員）」，不是「帝制」。

因此，由他開啟的政治體制稱作**「元首制」**。三世紀末**戴克里先開始採行「Dominatus」**後才是所謂的「帝制」。這是由「Dominus」，也就是「主人」實行政治的意思，從此可說是名副其實地展開帝制。

此外，表示皇帝的「Imperator（英語為Emperor）」一詞源自「凱旋將軍」。凱撒遇刺前一年元老院贈與他這個封號，才開始帶有「皇帝」的意思。

從屋大維到二世紀末五賢帝最後一位**馬可・奧里略**這大約兩百年間，為著名的安定時期——「羅馬治世（羅馬和平）」。羅馬的邊界上（在萊茵河和多瑙河與日耳曼人；在東方與伊朗的安息帝國）長期性戰事持續進行著。

但羅馬國內則如「麵包與馬戲」一詞所象徵的，享受著安定和墮落。

孕育出「萬民法」觀念的羅馬法

羅馬治世時代，希臘化文化也在義大利半島上傳布。

不過那是**裹著拉丁語外衣的希臘化文化**，人們說的是拉丁語，不是希臘語。受此影響的雕刻增添了羅馬的風韻，十分發達。另外在文學上，**維吉爾**、**西塞羅**、**盧克萊修**三人，讓拉丁語發展成能夠表現希臘的詩歌、哲學和修辭學精髓的語言。

「羅馬和平」時代，廣大的領土上，各個地區有權有勢者的地位被強化，他們之中雖然也有人熱愛希臘、希臘化文化，但只是少數。於是靠著他們底下軍隊的忠誠一直維持著和平，但西元一九三年（廣義的「軍人皇帝時代」的開端。狹義的則是二三五～二八五年），羅馬進入大混亂時期。

繼二八四年即位的**戴克里先之後**，**君士坦丁大帝**再次統一帝國，但社會並沒能脫離長期衰敗的走向。

不過，**「羅馬法」**威力遍及廣大的羅馬帝國。羅馬的法律原本是為城市國家羅馬公民而制定的「公民法」。但因布匿戰爭等的勝利，法律的適用範圍逐漸擴大，過程中出現了**超越公民的「萬民法」觀念**。更漸漸意識到超越時代、地域的普遍性法律（自然法）。

二一二年，羅馬卡拉卡拉皇帝為**擴大稅基，宣布帝國內的自由民都是羅馬公民**。羅馬法擁有多項特色，如**人際關係可自由依契約加以規定、保障私有財產權、政治的最高統治者可任意制定法律等為其中的代表**。

羅馬法的發展在六世紀的查士丁尼大帝時代達到鼎盛，更因為其合理性和靈活度被後世繼承以至於現代，成為一大「羅馬遺產」。

具備人性的基督教大受歡迎

基督教始於第一代皇帝奧古斯都和第二代皇帝提貝里烏斯的時代，但之後大約兩百年的時間並沒有引起太多關注。

這段期間，**基督教在都市的窮人之間傳布**。基督教根源於猶太教，但信徒對上帝和救贖的關心，大過希臘式三位一體論那種抽象式論辯。

耶穌和其信徒們期待由上帝來導正這個邪惡的世界。

然而耶穌遭到處刑。期待看似落空，但耶穌的門徒們深信這是上帝的安排，「耶穌的死不是結束，而是開端」，耶穌是彌賽亞（救世主）。人數雖少，但狂熱傳道者的行動建立起龐大的組織。不能接受猶太教祭儀的人們與猶太教決裂，以基督教徒身分展開活動。

耶穌（即基督）是人，是上帝之子，因此耶穌是神聖的觀念，對希臘人來說非常平易近人。信徒們寫下關於耶穌一生的記錄（四福音書），加上保羅的書信等，構成《新約聖經》。信徒們藉由最後的晚餐發展出的儀式，在遭遇病痛等困難時刻互相扶持，繼續維繫著基督教的社群。

雖然偶爾會遭到體制的鎮壓，但基督教在城市居民間傳布，信徒漸增，逐漸成長茁壯。

猶太教和基督教都被歸納為「希伯來思想」，這一神教與希臘主義並列，漸漸演變成日後兩大歐洲思想潮流。

Section 10

對立、支配、交流、創造的亞洲世界

亞洲　西元前五〇〇年－一二〇〇年

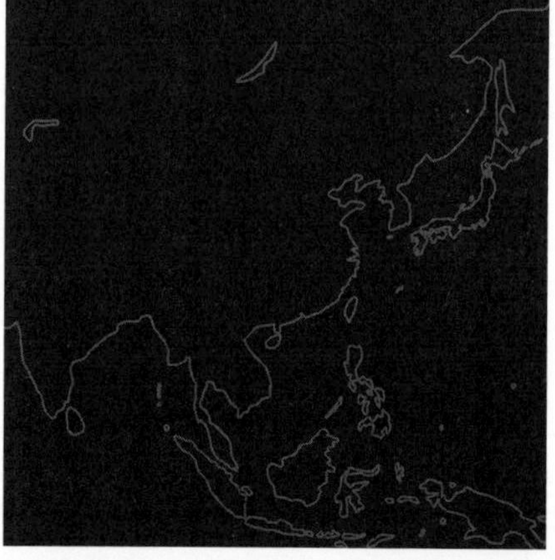

印度的孔雀王朝

亞歷山大的入侵，導致印度河流域眾家勢力逐漸衰退。拜此之賜，**旃陀羅笈多（孔雀王朝）**才能輕而易舉地統一印度河流域。

孔雀王朝在其孫子**阿育王**的時代，除了南印度之外，幾乎統一了全印度。

孔雀王朝深受波斯和希臘主義的影響。現今已不存在的孔雀王朝宮殿似乎

■ 孔雀王朝的最大領域

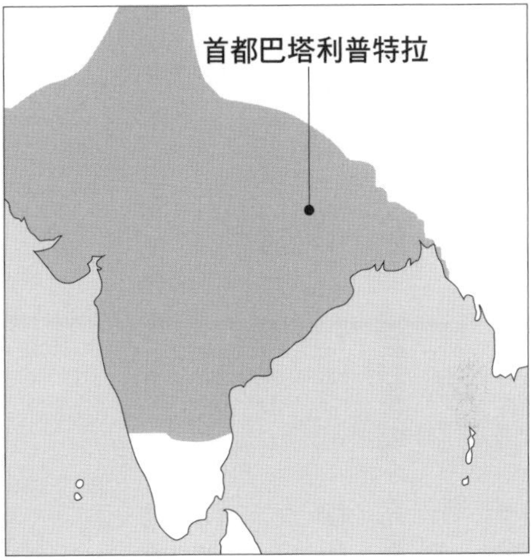

與波斯波利斯相似。阿育王建設的石柱，為仿效「貝希斯敦銘文（表彰阿契美尼德王朝大流士一世功績的碑文）」之作。

阿育王年輕時終日南征北討。後半生成為虔誠的佛教徒，致力於征服精神世界。佛教看似興盛，但儘管受到國家保護，依然克服不了其脆弱體質，世人一般的生活儀式如誕生、結婚等，仍舊必須仰賴婆羅門。

阿育王死後帝國分裂，各個民族自中亞入侵印度。這些民族的入侵，與蒙古高原上突厥語系游牧民族之間的衝突引發民族遷徙也有關係。

中國首次實現的「統一」

中國統一是引發游牧地帶大變動的一個原因。

關memo

這是麥克尼爾先生的見解，也有人持相反立場，認為游牧民族的遷徙促使中國走向統一。

西元前二二一年，北方強國**「秦國」**靠著長年在邊境地帶（秦國位處中國西北，與游牧世界相鄰。不過魏國和燕國也是同樣的情況）與游牧民族征戰所千錘百煉出的軍隊，打敗中國其他競爭對手，實現中國的統一。秦王自創「皇帝」的稱號，成為始皇帝。

他實行徹底的行政改革。**採用郡縣制（將全國分為郡、縣的二級行政區劃分）、統一文字、建設長城、充實道路網絡和驛站制度等。**

另一方面，他排除一切會對權力構成阻礙的人事物。尤其是**「打壓儒家」**，成為後世儒者們憎惡的標的（現在關於這件事有諸多見解）。此外，**建**

設萬里長城的大量動員造成民怨擴大，西元前二一〇年秦始皇逝世時，他的繼承人力量不足也是一個原因，內亂爆發，結果在前二〇二年，由**「漢朝」**確立其統治權。

漢朝雖曾短暫遭到篡奪（八～二三年，王莽統治），但統治權一直持續到二二〇年為止。

漢朝的**皇帝與地主階級（一般稱為「豪族」）攜手合作**。

他們的子弟掌握儒學教養，逐漸被收編進官僚制度裡（受武帝重用的董仲舒開啟察舉制）。社會便透過這樣的方式逐漸穩定下來，使得如春秋戰國時代那種思想上的論辯（春秋戰國時代諸子百家十分活躍）漸漸式微。

秦始皇贊同法家的思想，**漢朝則在政治理念上採用儒家，中華帝國的知識階級開始明顯呈現整齊劃一的樣子**。

中亞林立的眾多游牧民族政權

統一後的中國向外擴張其強大的軍事力量。在秦始皇的討伐下被迫敗逃的部族**結合成「匈奴」**，對漢朝造成威脅。

漢朝第一代皇帝劉邦在西元前二〇〇年與匈奴的戰役（白登山之戰）中差點送命。此後漢朝便以進貢的方式穩定與匈奴的關係。

匈奴亦向西方進軍，壓迫伊朗語系民族。因此，一支遭到追趕的民族（吐火羅）消滅了位在塞流卡斯王朝（現今伊朗周邊）和孔雀王朝（印度）的中間地帶、由希臘人建立的國家巴克特里亞（中國史籍稱為「大夏」）。

被匈奴追趕的**大月氏**則來到滅掉巴克特里亞的吐火羅的土地，漢朝的張騫曾造訪過這個國家。

關memo

但根據另一種說法，消滅巴克特里亞的是斯基泰民族。這個時代、這個地區的歷史有許多無法釐清的部分……。

大月氏有五位有力諸侯，其中一人壓制另外四人的勢力，西元前後在阿富汗北部建立**貴霜王朝**。此王朝並經由巴基斯坦入侵印度，統治橫跨印度河到恆河之間的北印度。

貴霜王朝時代，安息人在其西方伊朗高原上建立長期政權，從西元前三世紀延續到二二六年。

「馬匹改良」打造出絲路

中亞（麥克尼爾先生看似認為中亞的概念也包含伊朗，但有時在其他地方會區分開來，有點不明確）出現長期穩定政權的背後，存在戰術改變的因素。

安息帝國（此為伊朗民族的國家）在西元前一世紀以前即**栽種紫花苜蓿**，**拿來餵養馬匹後，發現馬都長得高大、強壯又漂亮**，於是出現穿戴鎧甲、頭盔等重裝備騎馬馳騁沙場的**「重騎兵」**。

這些重騎兵**征服了**草原地帶的**輕騎兵**。不過在速度上不如輕騎兵，雙方在對手的勢力圈內都無法取勝，陷入一種相持不下的狀態……。

中亞地區因築起對游牧民族的防禦線，文明世界（中國、伊朗、羅馬等）的政府和商人於是合作打造貿易之路。連結中國和羅馬，將中國的絲綢帶到羅馬，並將羅馬的玻璃、金屬等帶到中國。

「絲路」就是這樣形成的。

這個時代，紅海地區講希臘語的船長們利用印度洋的季風，從亞丁灣通過印度南部，再越過孟加拉灣來到馬來半島，穿越半島的克拉地峽（當時多半走地峽，而不走麻六甲海峽），與已進出東南亞的中國商人也有往來，**羅馬和中國在海上也建立起連結的通路**。

與這些貿易相關的人們交換各式各樣的訊息，傳遞種種當時為一般所知的世界的知識。

關memo

這裡雖然沒有提到，但麥克尼爾先生看來似乎很在意當時寫成的《厄立特利亞海航行記》（介紹各地物資的集散地）一書。

亞洲各地的文化發展

中國自孔子死後到西元前二二一年秦始皇勝利，各式各樣學派（諸子百家）的學說相互競逐。不過隨著「漢朝」建立，儒家漸漸吸納各家思想，結果導致孔子不談的學問也被編入儒家典籍中，成了唯有具備學識和能力的學者才能理解的學問。

此外，**史學上更因為司馬遷**（《史記》）**開創了「正史」的類型**而取得新的發展。

在印度，西元前五〇〇到二〇〇年間，是在笈多王朝（四～六世紀）達至鼎盛的古典文化的醞釀期，下一章會再深入探討。

伊朗附近的情況並不明朗。不過因為與已希臘化的城市之間有往來，對事物的看法偏好希臘式，可是農村依舊信仰瑣羅亞斯德教，因而保有更為伊朗式的文化。

在美術上，印度的藝術家受到希臘雕刻的刺激，在短時間內形成驚人的獨特風格，並表現於阿育王時代（前三世紀）的「桑吉大塔」上。

時代稍微往後推移，西元二世紀左右，在橫跨興都庫什山脈的地區（以犍陀羅為中心），藝術家們**利用希臘的技術，以具體的雕像來表現佛教的眾神**。在這種藝術傳往東方的過程中，其精神也漸漸發生質變，三世紀以後慢慢對中國藝術造成影響。

印度教、佛教和基督教的擴大

比藝術風格的傳播更重要的是，分屬各種文化系統的人們聚集在市集（市場）裡，在那裡進行一場所謂的宗教改革。接著要介紹的是自竭盡全力找出忍受苦難人生的方法，因而誕生、日後擁有巨大影響力的三大宗教。

其中一個是印度南部的印度教，另外是印度西北的大乘佛教，以及羅馬帝國希臘語圈的基督教。

印度南部為雅利安、達羅毗荼、希臘羅馬三種元素匯聚之地，印度教在這樣的環境中，漸漸擁有明確的性格。

這是因為與印度各式各樣種姓階級信仰的神祇有關的神話，**逐漸匯集到濕**

婆和毗濕奴兩位神祇之下。這兩位神祇會依照人的悟性和感性，以無數的形象出現在人們面前。

地方的諸神也被認為是這兩位神祇的化身。這樣的教義讓各個神祇變得更為精練，為印度教帶來新的組織和秩序。

在印度西北部，佛教有顯著的發展。**貴霜王朝的迦膩色伽王**（生卒年不詳）被認為是曾經庇護數名佛教新信仰理論的開拓者。其理論即形成大乘佛教，特別是提出**「菩薩」**這種具備神性，但以人的形象出現的救世主概念。

他們住在九天之上的極樂世界，透過感應力對煩惱的人伸出援手。信徒們藉由祈禱等召喚自己所選的菩薩，期待死後往生極樂世界。這**「死後生命」**的觀念不能說與基督教完全沒有相似之處吧。

基督教、大乘佛教、印度教的相似性可以歸因於時代精神，給予芸芸眾生不畏失望和困苦繼續活下去的勇氣。

疾病也會遷徙

穿越舊世界交流的不僅是商品、思想和技術，**疾病**也會隨著人們一起移動。根據中國和羅馬的記錄，一連串的惡性傳染病在一世紀和二世紀時極為猖獗。在羅馬成為導致人力資源枯竭的重大問題。

惡性傳染病在歐亞大陸全境和非洲流行，也成了漢帝國和羅馬帝國衰退的一個原因。

不過，在這種情況中誕生的三大宗教，**基督教、大乘佛教和印度教依然持續發展**。古代成就的一切事物中，唯有這三大宗教擁有如此活力繼續存在著。

Section 11

向外擴展的印度世界

笈多帝國的發展

西元四世紀初，**旃陀羅・笈多（與孔雀王朝的創立者同名）**自稱「世界霸主」，建立笈多帝國（笈多王朝），之後未經歷任何大規模的混亂，統治北印度長達約三百年的時間。

騎士精神和宗教禁令遍布笈多王朝每個角落，極度抑制會帶來毀滅的戰

笈多王朝的最大領域

爭。

笈多王朝的君主將各個地方的治理全權交給當地原有的支配者。

僅派遣官吏進入這些臣子的宮廷，以保有體面，只要臣子對國家禮節表現出恭順之意即可。

印度教在這個王朝受到保護。在印度教的觀念中，《吠陀》是最高權威，其次是婆羅門教典，再來才是政府的公告等。

以這樣的見解編纂出的《法論（印度古典法的統稱，著名的有西元前後編纂而成的《摩奴法論》）》中，定有各個種姓的生活規範。人人都必須遵守法論中規定的義務。宗教、法律、神祕哲學和幼稚的迷信混合為一體，連政府公告也受到它的限制。

此外，笈多王朝雖然是印度史上的黃金時代，但實際上，政治、軍事、年代等的詳細情形皆難以掌握。

誕生十進位法的梵語文化

笈多帝國有三個能讓文化綻放出花朵的舞台。**一是宮廷。**作家、音樂家、天文學家等在這裡受到保護。

第二是與宮廷對抗的**寺廟**。濕婆、毗濕奴二神與其化身的眾多神祇，需要各自適合的祭祀場所。

第三個是**學校**。宮廷和寺廟雙方皆附設學校，成為將數量龐大的知識一代一代傳承下去的場所。在學校，基本上就是背誦神聖經典。

梵語之所以在笈多帝國順利復興，是因為各式各樣方言間的差異已大到難以溝通。學校系統對此貢獻很大，受過學校教育的人**說著同樣的語言，形成思想波長相同的團體**。

在笈多帝國，這類團體在社會所有領域的文化性活動中掌握主導權。

梵語藉著天文學和醫學廣泛地傳播出去。希臘的影響雖強勁，但操作天球圖的數學技術和有關天體運行的概念融入梵語後，並沒有因此變成僵化的外來知識。

更重要的是，這個時代的印度領先世界，開始使用**「十進位計算」**。

此外，**梵語的精髓在於文學和語言學**。

波你尼（被認為是前五～前四世紀左右的人物）**寫作日後被視為經典的文法書，確立了語言學**。

《摩訶婆羅多》和《羅摩衍那》兩大敘事詩在笈多王朝時代完成。前者講述古代印度英雄的故事，後者講述拘薩羅國的羅摩王子和他妻子的故事，直到現在依然深受印度人喜愛。正如希臘人師法荷馬和赫西俄德一般，這兩部作品對印度文化帶來莫大的影響。

西元五世紀前半登場的**迦梨陀沙**創作出《沙恭達羅》，被認為是梵語文學的代表作家。

多樣文化蓬勃發展的笈多王朝

西元十世紀以後，入侵印度的伊斯蘭教徒否定偶像崇拜，摧毀位於北印度的寺廟。南印度雖然發現少數的雕刻，但在藝術上並非秀異之作，因此實際上我們對笈多王朝時代的藝術發展情形並不清楚。

另一方面，**佛教美術在這個時代達到顛峰**。印度西部的「阿旃陀石窟」（前一世紀至七世紀左右）是佛教藝術的寶庫。

宗教與印度文化無法切割。法律、敘事詩、寺廟建築等也全在處理人和超自然界的關係，試圖要劃定人類經驗的最大邊界，這些全是印度教的一部分。

而最終確立印度教教義的是笈多王朝滅亡後、西元八到九世紀出現的**商羯羅**。印度學者們繼承他的「一元超自然哲學」，並用以回應來自伊斯蘭教和基督教的攻擊。

龐雜多樣的文化在笈多王朝**可說已臻至完美的境界，使印度文化、梵語文化永垂不朽。**

印度文化的東漸

印度文化在笈多王朝的黃金時代跨越國界傳播開來，傳播者就是商人和傳教士。西元一〇〇年起至六〇〇年左右，**位在緬甸、蘇門答臘、爪哇、馬來半島、泰國、越南的小國家十分起勁地接受印度文化**。

但山岳地帶以北的情況則不同。中國、希臘、羅馬、伊朗的居民拒絕接受印度文化。

印度來的商人會在散布於東南亞孟加拉灣到南海之間的寧靜村落裡定居，慢慢打造自己的小國家。

印度文化往東南亞的傳播對許多人造成影響，就地理上而言，範圍也比希臘文化更為廣泛。

傳到東亞的佛教

在山岳地帶以北傳布的是**佛教**，不是印度教。佛教在西元二〇〇到六〇〇年間如洪流般**湧向中國，並進一步吞沒了朝鮮和日本**。

佛教在中國為人們接受，意味著**與傳統儒家的決裂**。追求解脫現世煩惱的佛教，與提倡俗世中庸之道的儒家應該不相容吧（這與當時中國正值魏晉南北朝的混亂期或許也有關係）。

在這樣的時代裡，人們想必覺得儒者提倡的中庸之道很空泛。**不過，信奉儒家的人並沒有在中國消失。而且他們從未斷絕對佛教的不信任，即使嚴格想來，佛教面對現實的政治等，同樣含有非常危險的元素**。可以看作是**兩者雖不相容但「井水不犯河水」**。

為獲得有關佛教的正確知識，朝聖者前往印度走訪佛陀因緣之地。再從印度帶回經典加以翻譯，但在西元六〇〇年左右，這股學習佛教教義的熱情告終（法顯於四～五世紀訪問印度；玄奘和義淨則分別於七世紀前半和末尾訪問印度）。

中國的佛教徒**對印度生成的宗派和形而上的思索不感興趣，而響應神祕的悟道和尋求心靈平靜的生活方式等**，因此佛教在印度式微，卻在中國走出自己獨特的路。

中國佛教孕育出新的藝術。**希臘藝術和印度藝術已在中亞混合交融。**中國藝術重裝飾性、幾何學紋樣；**佛教藝術讓植根於寫實主義的菩薩肖像變得豐富多采**。此外，**佛教壁畫和雕刻具有故事性，因此表現出人物之間在空間上的關係**。

在中國積極吸取佛教文化的時期，中國影響圈周邊的朝鮮和日本還沒有自己強大的文化，因此**佛教具有更根本性的影響**。當時朝鮮分裂（分為高句麗、新羅、百濟三國），在三七二到五二八年之間三國無不接受佛教文化。五三八年（百濟的聖明王將佛教傳入日本）傳入日本後，大為發展。

Section 12

中華帝國的復興與羅馬帝國的滅亡

匈人引發日耳曼民族大遷徙

迥異於華麗展開的印度文明，位處歐亞大陸中央的游牧民族過著弱肉強食、嚴酷的生活。在衝突中落敗的集團要不被消滅，要不攻擊其他集團，或是逃進森林或農耕地帶（這種情況還有可能成為當地的統治者），殘酷的變化頻頻發生。西元前三世紀末**「匈奴聯盟」的成立**，即是這類遷徙的開端。

時代大幅推移到西元四世紀中葉，**「柔然（三到五世紀左右在蒙古高原茁壯的游牧民族。與北魏等對立）」**在外蒙古形成一大勢力。這時被驅趕到西方的游牧民族之一的**「匈人」**入侵南俄羅斯。他們在三七二年大敗原本在歐洲的日耳曼民族東哥德人。因此，受到壓迫的西哥德人越過多瑙河，進入羅馬帝國領域。

這是自三七五年起的**日耳曼民族大遷徙的開端**。四一〇年，受到匈人威脅的西哥德人在羅馬進行掠奪，然後往西進入伊比利半島，在那裡建立的國家持續到七一一年（後來被越過直布羅陀海峽入侵的伊斯蘭勢力消滅）。

日耳曼民族中也有人歸順匈人。征服他們的匈人以匈牙利為據點，入侵巴爾幹半島，再從高盧（法國）入侵義大利半島（四五一年的卡塔隆平原戰役很有名）。

不過，隨著領導者阿提拉的死亡，這個帝國瞬間瓦解。

被匈人統治的日耳曼民族進入義大利半島，建立汪達爾、勃艮第、東哥德等王國。同一時期，日耳曼民族也入侵萊茵蘭（法蘭克族）和不列顛（盎格魯・撒克遜族），這地區有肥沃的農田，國家靠著支配這些農田而得以長久維持。

挹怛、突厥的進攻

在匈人引發歐洲動亂之時，**挹怛人（又稱白匈奴，為游牧民族國家）入侵伊朗**，反覆一進一退。這支民族也入侵印度，埋下將笈多王朝逼入覆亡之境的重要因素。

只不過，他們未能建立穩定的政權，最後在西元六世紀中葉遭波斯的薩珊王朝和突厥兩面夾擊而滅亡。

蠻族的支配為傳統性的遷移和掠奪，期望從文明社會榨取資源，過奢侈的生活。不過，這樣的生活也可能使他們墮落，失去活力。

另一方面，文明世界會歡迎承諾保護自己傳統的解放者迎進門。為攻打挹怛人而與**突厥**聯手的波斯薩珊王朝也是如此，但中國聯合突厥滅了柔然。不料突厥壯大起來後，開始壓迫中國。突厥在五七二年東西分裂。

中國內部則是**「隋朝」**建立（五八一年），完成統一（五八九年），也是

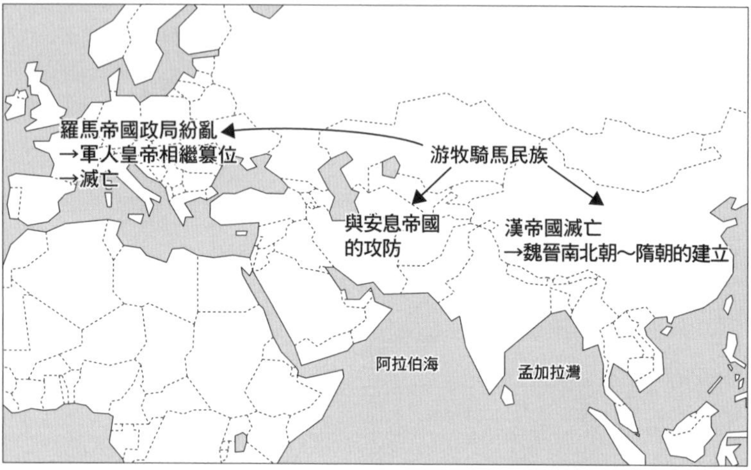

得助於這樣的背景。

軍事與國教確立導致羅馬國力衰弱

羅馬沒有像中國和波斯薩珊王朝那樣發展（我覺得沒辦法單純地類比，但麥克尼爾先生經常這麼做……）。

西元二三五到二八五年的混亂（即軍人皇帝時代，受到軍隊擁立，不斷廢立皇帝）使軍事獨裁政權生成。

西元四世紀登場的**君士坦丁大帝**在兩件事情上改變了羅馬的歷史。一是遷都拜占庭，改稱君士坦丁堡。另一是將基督教國教化（state religion。麥克尼爾先生在後面的敘述中改用「正式承認（legal religion）」一詞）。

關memo

日本應考的常識通常認為是「正式承認」，國教化是在狄奧多西一世任內完成。麥克尼爾先生在稍後指出狄奧多西全面禁止基督教以外的宗教，但不妨認為那是使國教化更加完善的舉動。

不過，國教化或正式承認並不能解決基督教的問題。教義的問題使對立產生（參見此條目最後的「異端與正統的論辯」），但軍人皇帝和政治性的祭司們解決不了這個問題。

日耳曼民族的社會情況亦然。他們多半信仰「阿里烏斯派」，在羅馬臣民眼中就是面目可憎的「異端」。

因此，**查士丁尼大帝**發動一連串戰役想要打敗日耳曼民族眾家國王，但只有部分成功。北非、西班牙和義大利半島上「收復」的城市，在他死後再次面臨新的入侵（伊斯蘭勢力）時，全都不得不放棄。

關memo

許多歷史學家對羅馬帝國滅亡的原因做過各種討論，但麥克尼爾先生認為軍事力和基督教就使它邁向終結……。我很想聽聽麥克尼爾先生的羅馬帝國覆亡篇……。

中國和伊朗對游牧民族的回應

在中國，傳統的國家體制在漢朝對抗匈奴的過程中已建立完成。**「隋」「唐」**兩朝的皇帝們一方面加強與**「突厥（土耳其游牧民族聯盟）」**的邊防，一方面依循往例重建軍隊制度。

隋朝制定出**官僚制度（可以想成是透過科舉，即學科測驗錄用人才）**，但**此王朝的最大政績應該是建設連結長江和黃河（更進一步延伸到大興城和北京）的大運河吧**。其結果使得朝廷強化對長江流域（稱為江南）的管束，**各種物資變得能夠輕易地匯聚到帝國的中心。中華帝國所能行使的權力已遠遠超過漢朝的時代。**

另一方面，在伊朗周邊並沒有像中國那樣找到能夠輕易地強化皇帝權力的方法。

雖然擅長重騎兵的戰法，但那要用在草原地帶的襲擊才有效，要當作持久性的防衛手段仍存在各種問題。

在伊朗民族的安息帝國（前二四八年左右到二二六年），君主反倒推薦軍人地主自行武裝成重騎兵，保衛自己的領土。因此中央的權力很難觸及地方。

未發生叛亂的波斯薩珊王朝

安息帝國地方豪強之一的**阿爾達希爾**推翻了安息帝國，建立薩珊王朝。這個國家長期遵守阿爾達希爾定下的諸多原則。

薩珊王朝的權力基礎來自伊朗的領主階級，**支持瑣羅亞斯德教的信仰**，在那信仰下努力恢復昔日波斯帝國的偉大。

雖然這麼說，但瑣羅亞斯德教根植於地區傳統，神廟各不相同。因此，薩珊王朝企圖統一對經典《阿維斯陀》的解釋。領主階級雖支持，但並未在城市裡紮根。

薩珊王朝不曾發生叛亂、篡位、暗殺國王等情事。這與羅馬帝國當時的情況簡直是對比。薩珊王朝的宗教政策不把重點放在教義的枝微末節上。這從日後遭伊斯蘭勢力征服時，伊朗文化的獨特性逐漸消失也可明顯看出。重要的是讓瑣羅亞斯德教成為國教，再由祭司們傳布超自然力制裁的觀念，以降低了領主和王權的衝突。

擁有可怕武力的人不造反，而是專心一意地守衛國土，過去不曾有過像這樣成功的例子（麥克尼爾先生對瑣羅亞斯德教的功績持讚揚的立場）。

為國防受累的拜占庭帝國

羅馬皇帝**戴克里先**從波斯將象徵王者尊嚴的王冠和笏，及其他各種儀式帶進羅馬帝國。

繼任的君士坦丁大帝引進重裝備的騎兵隊。但羅馬人不願引進波斯流的「封建制度」。

關memo

這裡的封建制度究竟是怎樣的體制？古代波斯國王以「王中之王」著稱。莫非這指的是中央的王和地方的王的關係？是不是必須把薩珊王朝的波斯帝國看作不是一個純粹波斯人的國家呢……。

羅馬長年發展出重視法律原則的態度，西元六世紀被匯集成查士丁尼大帝編纂的《民法大全》。

拜占庭帝國為**國防問題吃足苦頭**。因稅收不充足，無法整備常備軍隊，查士丁尼大帝於是同意西方遠征軍的貝利撒留將軍召集五千人的重騎兵，但其財源來自戰利品和掠奪之物。

軍隊只駐守中央，邊境地帶免不了會發生危機；只有沿岸圍上城牆的城市能保障安全。而且，**拜占庭帝國的皇帝和民眾似乎覺得，逼不得已時放棄距離遙遠的領地反而更好**。

保衛國家心臟地帶的軍隊是**靠戰利品來維持**，而不是授予軍人土地。

異端和正統的論辯

在君士坦丁大帝承認基督教合法以前，亞歷山卓的主教們就不斷努力為基督教的教義建立一貫性。

其中心要角為**俄利根（三世紀前半）**。

在談論「神」時，他不得不仰賴希臘語，從此以後講到基督教的教義時便會使用希臘語。

西元三一二年（承認合法的米蘭敕令於三一三年發布），帝國內針對是否承認基督教合法激烈爭論。爭論雙方不顧皇帝的忠告持續不休，於是皇帝在三二五年召開尼西亞大公會議，會議中將基督教的**「阿里烏斯教派」定為異端**。

希臘語圈和拉丁語圈基督教徒的關係也變得複雜。羅馬為羅馬主教，也就是教宗的駐在地，羅馬教會為使徒彼得所建立。

又，根據基督教，彼得被指名為使徒的首領，因此教宗被視為基督教會的最高權威。反對此主張的主教很多，四五一年召開的迦克敦公會議上並未做成決議（直到今天都未做出決定）。

有關教義和教會的爭論有多本著作問世，但全是用希臘語書寫。然而在拉丁語世界，人們更熱中於基督教的真理和基本資料的製作。**傑羅姆翻譯的拉丁語聖經**即為代表。同個時代希波的奧古斯丁所著《上帝之城》，為以後西歐的世界觀建構了基礎。

日耳曼民族大遷徙摧毀古代的城市之後，各地修道院成為基督教信仰、教育及文化的中心。初期的修道士們喜愛敘利亞和埃及的沙漠，在那裡埋首於禁欲式的生活。

不過，也有人對那樣的傾向提出警告。**在希臘語圈有聖巴西略；在拉丁世界則是聖本篤。**五二九年，聖本篤在卡西諾山創建修道院。兩人皆為修道士寫下以祈禱和禮拜為主的「戒律」。在拉丁語圈，**帝國的政治權威日益低落，教會逐漸強化其相對於世俗權力的獨立傾向**。

四九六年，**法蘭克王國的克洛維一世**改宗羅馬公教，等於是將最強的日耳曼民族拉進教宗這一方，但法蘭克王國的君主對宗教其實不太熱中。查士丁尼大帝的遠征導致義大利疲敝，教宗的權威也降低。

在這當中，東羅馬帝國的總主教和皇帝則一直維持著緊密的關係。

Section 13

吞沒諸文明後擴張的伊斯蘭教

伊斯蘭教創始者穆罕默德一生的流轉

伊斯蘭意指「對真主無條件地皈依」。在穆罕默德（Muhammad。麥克尼爾先生標記為Mahomat）的認知裡，真主與猶太教和基督教的「神」是同一個神，因選定自己為最後且最高的「先知（傳達神的啟示者）」，因而認為猶太教徒和基督徒都要接受伊斯蘭教。

然而即便在麥加，也只有少數阿拉伯人願意接受**穆罕默德**的教誨，他被趕出麥加，轉往麥地那。

伊斯蘭教擁有經典《可蘭經（Koran，近來多半標記為Quran）》，但**日常的信仰實踐為六信五功，簡單明瞭。六信指的是信真主、信先知等；五功是證信、禮拜、齋戒、天課、朝覲的實踐。**

「吉哈德」是為保護信仰和烏瑪（伊斯蘭社群）而強加於烏瑪成員的共同義務，不算在六信五功裡。

隨著穆罕默德的支持者增加，與基督教和猶太教之間的關係變成愈來愈現實的問題。

他們在麥地那與當時掌握權力的猶太人爆發衝突，即使宗教上決裂，但以徵收人頭稅（kharaj）的方式保障烏瑪內的信仰。這原則也適用於基督教等其他宗教。穆罕默德以麥地那為據點與麥加作戰，贏得勝利後重返（朝覲）麥加，在西元六三二年結束他的一生。

征服阿拉伯

穆罕默德死後，**阿布・伯克爾被選為**他的繼承者（哈里發）、烏瑪的領導人，**繼而又傳給了歐瑪爾、鄂圖曼、四代哈里發（領導人）阿里**。

第四代的阿里遭暗殺後，長期與他對立的**伍麥亞家族的穆阿維亞將哈里發改為世襲，成立伍麥亞王朝**。

在伍麥亞王朝統治下，阿拉伯繼續擴張，將版圖擴大到西至伊比利半島，東至中亞。

在歐洲，法蘭克王國飽受伊斯蘭勢力的威脅，但在西元七三二年的圖爾戰役中擊退了伊斯蘭勢力。此外，伊斯蘭勢力在七五一年的中亞怛羅斯戰役中雖然獲勝，但沒有再繼續東進。

阿拉伯勢如破竹的進攻持續了約一個世紀，其間，雖然在戰鬥上愈來愈少贏得大勝是原因之一，但內部也開始發生嚴重的問題。

尤其哈里發是宗教上的最高權威，但伍麥亞王朝的哈里發並沒有充分扮演好這個角色。

六世紀～八世紀的伊斯蘭（歐洲）世界

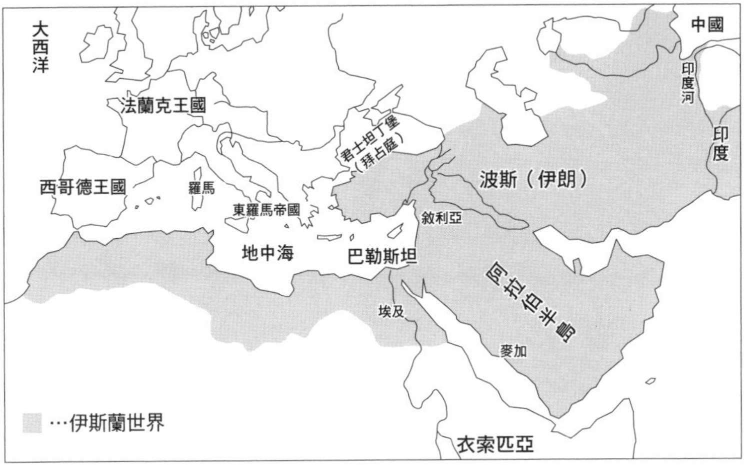

基督教、瑣羅亞斯德教等的異教徒改信伊斯蘭教意謂著人頭稅的減收，因而帶來財政上的危機。而且改宗後的前異教徒或異民族（阿拉伯以外的民族）之間還存在歧視。

伍麥亞王朝發生的繼承人之爭使混亂加劇，**西元七五〇年阿拔斯王朝成立**。因為這場政變，國都從大馬士革遷移到巴格達，這代表阿拉伯人的特權地位消失，伊朗（波斯）人的地位反倒強大起來。

繼伊朗人之後，土耳其人改宗伊斯蘭教的情況也增多，他們漸漸成為國家的骨幹。麥克尼爾先生將此事對應到古中東的歷史，評論它是回到過去的大帝國時代。

關memo

另外補充一句，姑且不論普遍性的教義，伊斯蘭教實質上是個阿拉伯人的宗教，在阿拔斯王朝成立後才成為名副其實的普遍性宗教。將它評為「阿拔斯革命」應該是十分中肯。相對於將正統哈里發時代和伍麥亞王朝合稱為阿拉伯帝國，阿拔斯王朝則是伊斯蘭帝國。

這是將伊斯蘭教徒建立的國家也看作古中東文明的繼承者，是很有意思的觀點。不過發展到這時期，哈里發不再集宗教、政治、軍事性權威於一身，而是將宗教上的立法權交給精通伊斯蘭神學的學者集團「歐萊瑪」。

從這點來看，阿拔斯王朝的成立也稱得上是「革命」的大事件。

伊斯蘭教徒的經典和法律

無需贅言，伊斯蘭教徒當然是向穆罕默德傳述的「真主的啟示」尋求行為的規範。

那啟示正是《可蘭經（古蘭經）》，穆罕默德死後，在歐瑪爾的時代被匯總成書。

它被認為是真主的話語，不含半句穆罕默德自己的話。不過有些地方解釋困難，於是將穆罕默德的補充講述和其繼承人的話匯整成《聖訓》（麥克尼爾先生的原文為「tradition」或「Tradition」，被譯為「列傳」或「聖傳」。阿拉伯語的原義為「話語」或「說話」之類的意思）。

解釋並研究這些基本經典的人（即學者）稱為歐萊瑪，有些問題即使是歐萊瑪也解決不了。關於這類問題，即使存在個別的反對意見，信徒們仍舊認為「就整體看來是好的事就是對的事」。

這就是**「聖行（「習慣」或「慣常做法」的意思）」**。這個詞後來成為伊斯蘭教內「遜尼派」的語源。根據這些制定出的伊斯蘭社會的規範，就是「沙里亞（伊斯蘭法）」（麥克尼爾先生的原文是「Sacred Law」，被譯為「法律」）。

關memo

順便補充一下，與「遜尼派」對立的「什葉（Shia）派」最初是一群支持第四代哈里發阿里的人，後來變成只以「Shia of Ali（阿里一派）」的「Shia（黨派）」來稱呼他們。

與遜尼派對現狀妥協的態度相反，什葉派主張非常嚴格的宗教實踐。他們相信穆罕默德真正的接班人只是暫時從這個世界隱退，總有一天會再次出現。對什葉派來說，那就是馬赫迪。

穆罕默德將猶太教和基督教徒視為「有經者」，地位高於其他異教徒。在領土擴大的過程中，對待他們的態度成了問題，允許他們以「齊米（庇護民）」的身分繳付人頭稅即可維持信仰，並承認各自的集團自治。

期待（對伊斯蘭教而言的）異教徒的指導者，能如同歐萊瑪指導伊斯蘭教徒的集團那樣，幫忙帶領該集團。

伊斯蘭教最大的特色就是，**個人不是全盤接受伊斯蘭教，就是完全拒絕，不存在灰色地帶**。

可說繼承了算是先驅的猶太教和基督教的不寬容性，並貫徹到底的宗教。中東和北非地區對宗教的渴望，因伊斯蘭教而得到滿足。

談到信仰上的話題時，常常必須使用阿拉伯語。因此，阿拉伯語漸漸成為信徒們意思溝通的語言，這件事慢慢改變了這些地區的語言狀態。

希臘語和拉丁語迅速被阿拉伯語取代。在當時逐漸形成的伊斯蘭圈，唯有波斯語持續被人使用，但文字方面依然受到阿拉伯文字很大的影響。

超越希臘，璀璨的阿拉伯生活與文化

穆罕默德以前的阿拉伯，**軍人們經常將自己的戰功表現在「詩」裡**。可是穆罕默德不喜歡這樣。

儘管如此，阿拉伯的戰士依然繼續創作詩歌，而且**貴族們嗜好飲酒等，哈里發的宮廷裡持續過著世俗且貴族式的生活，與虔誠的伊斯蘭教徒的矛盾逐漸加深**。

對虔誠的伊斯蘭教徒來說還有一個問題，就是希臘人堅持不懈開拓出的**「心靈思辯的習慣」**。他們認為關於信仰上的疑問、人類有必要知道的事，可蘭經和伊斯蘭法上已有提示，因而拒絕拘泥於神學上的思辯。

不過對富裕的人來說，有兩件事他們無法視而不見，那就是**「占星術和醫學」**。而希臘思想早已滲透這兩者之中。

因為這緣故，要回避希臘文化的遺產變得愈來愈不可能，但這些與伊斯蘭精神結合後，人們的好奇心漸漸轉向與醫學和占星術無關的領域。

比方說，阿拔斯王朝的哈里發中有人後來成為積極保護學問的人（哈倫・拉希德建設著名的「智慧宮」）。

就這樣，希臘的學問和印度的學問被轉換成阿拉伯語。在那過程中，**十進位法達成重大轉變——從希臘人幾何學式的思考，轉變成代數式的思考（「Algebra（代數）」源自阿拉伯語）**。

化學領域也有驚人的發展。阿拉伯人似乎在中國的「道教」中探尋化學的根本原理，而**在傾注熱情試圖把卑金屬變成黃金的過程中，也發明或改良了蒸餾、過熱、分解等種種技術**。

此外，數學光學的發展上，阿拉伯人也凌駕希臘人。

不過在醫學和天文學上，沒有出現能超越蓋倫（羅馬時代的醫生）和托勒密（二世紀，發展地球中心的天動說。在哥白尼出現以前為主流）的發展。

傀儡國家阿拔斯帝國

與中國的**「唐朝」**同時存在、享受繁榮興盛的阿拔斯王朝，面臨兩大問題。一是**什葉派（對王朝的建立有功，卻在阿拔斯王朝時期遭到鎮壓）的持續反撲**，另一個是**抵抗不了**來自高原地帶的**突厥人滲入**。

突厥人的傭兵和戰士們幫助阿拔斯家族坐上哈里發大位後便握有實權，這狀況一直持續到西元一二五八年（蒙古滅掉阿拔斯王朝）為止。

這樣的轉變在西元一〇〇〇年左右成定局，當時王朝的權力已漸漸無法及於美索不達米亞和敘利亞地方（九四五年什葉派的布維西王朝占領巴格達，一〇五五年塞爾柱人奪回巴格達，向阿拔斯王朝臣服）。

此外，初期伊斯蘭教決不允許的神祕主義傾向（重視蘇非主義靈性體驗）漸漸擴大也是在這個時期。

Section 14

中國、印度、歐洲　西元六〇〇－一〇〇〇年

並不黑暗的中世紀～政治、經濟新秩序的誕生

在儒家、佛教、科舉上發展成熟的中國社會

從「隋朝」建立（五八一年）到「唐朝」（六一八～九〇七年）、中斷期（五代十國，九〇七～九六〇年），再到後來的「宋朝」（九六〇～一一二六～一二七九年）。

不過，這個時代與中國史的傳統模式不相符。皇帝強大的權力只維持到西元七五五年，之後權力便落入地方軍閥（節度使）手中，中國進入長期從屬於以中亞回鶻人為首的突厥人聯盟的時代。

關memo

我懷疑這部分為麥克尼爾先生片面的認識。唐朝雖然在回鶻人的幫助下才鎮壓安史之亂，可是這能稱為從屬嗎？

他們在「唐朝」末期的數十年間直接控制中國北部，連**「宋朝」**也沒能消滅這些民族（豈只沒能消滅，還將燕雲十六州割給遼國、淮河以北割給金，最後亡在元手中）。

不過，中央權力的衰退並沒有對中國的經濟發展造成嚴重阻礙。尤其是在**江南（長江中、下游流域），農田從河邊擴展到丘陵上，那裡生產的大量稻米足以養活快速成長的城市人口**。

商業活動不符合儒家的理念，因此通常掌握在外族手中，尤其是回鶻人和阿拉伯人。經濟發達，城市產生多樣的階級，他們學習經典，養成合乎身分地位的規矩和禮儀。

「唐朝」出了**李白**和**杜甫**兩位詩人，帶給後世巨大的影響。

佛教雖在八四五年以後遭到朝廷鎮壓，但**目的其實是沒收捐獻給寺廟的土地**。儒者們對於（從根本的學說來看）與儒教相互矛盾的佛教懷有敵意也是部分原因。

不過，儒家也能從佛教學習到許多地方。比方說，中國人開始關心形而上學的問題即是其中之一。再者，道教與佛教雖然也有矛盾之處，但從佛教所得到的收穫也不少。

佛教也對中國藝術帶來莫大的影響。「新儒學」（對儒教的新詮釋）一詞的出現是在這裡所談的時代以後（宋朝的朱子學）的事，不過這個學派的源頭可以追溯到一千年以前。

為官僚選才（始於隋朝）的**學科測驗制度（科舉）**對中國的安定起了一定的作用。考生們必須證明自己熟讀儒家經典（其結果導致中國的官僚成了同質性集團……）。

出身貧窮並不會阻礙一個人出人頭地。有時全村還會合力援助優秀的人才，一旦金榜題名，對全村都有好處。

另一方面，富裕人家子弟為了維繫社會地位和財產，也必須一直保有很高的官職。這使得中國社會擁有高度流動性。

印度教支配下的印度

伊斯蘭勢力不曾直接挑戰中國。

不過，西元七五一年在中亞進行的「怛羅斯之戰」後，帝國的中心發生動亂（七五五年安史之亂），皇帝的權力滑落。

之後，信奉**摩尼教**的回鶻人控制伊斯蘭世界與中國之間的區域，發揮緩衝的作用。但印度就沒有像回鶻人這樣的緩衝劑，直到七一五年為止，伊斯蘭教徒持續占領印度西北部的信德地方，並掌握印度洋航線的支配權。視印度教為邪教的伊斯蘭教徒，讓東南亞脫離了印度的文化屬國。

印度因實行種姓制度，沒辦法強化軍事力量進而排除伊斯蘭勢力，僅努力以和平的方式保住印度教的傳統。

另一方面，少數學者著手為奧義書哲學建立體系，以駁斥伊斯蘭教徒對偶像崇拜的批判，並認為那有助於人走向神學的一元論。

商羯羅的哲學體系成為以後印度教的標準。

印度不只在神學上的論辯成功反擊了伊斯蘭教，並與唐末到宋的中國一樣，**全面排除外國文化**。

除此之外，印度還開始保護一切本國的產物，在這過程中，隱藏在印度人生活中的事物開始被記錄成文字。

此外，**提倡念咒語也能接近聖性不必苦行的怛特羅教**漸漸受到歡迎。不過，表面上依然持續舉行祭拜印度教眾神的儀式。

笈多王朝垮台後，保護作家和藝術家的宮廷不在了，寺廟成為最高權威，於是印度文明世俗的、理性的一面因為在寺廟文化無用武之地，逐漸消失。

因游牧民族的入侵而動盪不安的歐洲

這個時代歐洲的特徵為蠻族（麥克尼爾先生愛用這個詞。但我覺得稱游牧民族即可）三度入侵，以蠻族入侵作為時期的劃分很方便。

西元三七五年匈人入侵，揭開了日耳曼人（西哥德）侵入羅馬帝國領域的序幕，這是最初的遷徙期。克洛維一世領導的法蘭克王國統一高盧（五世紀末），和六世紀初拜占庭帝國的查士丁尼大帝嘗試重振羅馬帝國雄風，使混亂的局勢出現短暫的穩定期。

第二次遷徙是在查士丁尼大帝死後，阿瓦爾人入侵匈牙利平原，控制其東西廣闊的農耕地帶。他們的勢力在西元八世紀初包圍君士坦丁堡時達到顛峰。面對這股伊斯蘭勢力，拜占庭皇帝利奧三世（七一七～七四一年）實行軍制改革，在小亞細亞的戰事中獲致成效。

但在歐洲沒能阻擋斯拉夫民族的入侵，他們因而在巴爾幹半島北部到中部地區定居下來。

此外，日耳曼民族的倫巴底人在西元六世紀後半，把拜占庭軍隊趕出義大利半島。保加利亞在這之後的短暫穩定期間於多瑙河下游**建立保加利亞帝國，對拜占庭帝國形成威脅**。九世紀接受基督教為國教後，拜占庭文化隨即傳入。

保加利亞日益壯大之時，法蘭克王國也發生巨大變化。

這個國家在西元五世紀末接受基督教為國教，但克洛維以後，因為繼承等的問題不斷分裂。

整合這些分裂的王國，於六八七年掌握實權的是**宮相丕平二世**（他的兒子是在圖爾戰役中打敗伊斯蘭軍的查理・馬特）。

他出身法蘭克王國領地內日耳曼成分較強的東部，因此將西部，也就是高盧的土地分贈給部下和支持者。由於他大規模地進行分贈，感覺也有如第二次的民族遷徙。

七五一年，查理・馬特之子丕平三世創建卡洛林王朝，同時獲羅馬教宗承認；其子**查理曼（查理大帝）**平定日耳曼和羅馬在歐洲的全部領土，八〇〇年，教宗利奧三世為他加冕為西羅馬皇帝。

在四方逼迫下開始的拜占庭帝國

話說，拜占庭帝國和法蘭克王國的關係決稱不上良好。

尤其是西元七二六年**拜占庭皇帝利奧三世頒布聖像破壞令後，使問題更加複雜**。在羅馬和君士坦丁堡都引發巨大的反對聲浪。

再者，當時的羅馬教宗仍在拜占庭皇帝的控制下，又對倫巴底王國的擴張感到威脅，於是向法蘭克王國靠攏。然而丕平三世**不只保護了教宗，更打敗倫巴底王國，將其土地捐獻給教宗**。

為查理曼加冕之舉，其實有這樣的背景因素。

另外，拜占庭皇帝漸漸不得不承認有眾多反對意見，**西元八四三年撤回聖像破壞令**。

又，自六世紀起，**拜占庭帝國內講拉丁語的人愈來愈少，同樣的，西方也漸漸不講希臘語了**。

繼續前一小節，第三次的遷徙始於**西元九世紀末馬扎爾人（匈牙利人）的入侵**。

九～十世紀左右的歐洲世界

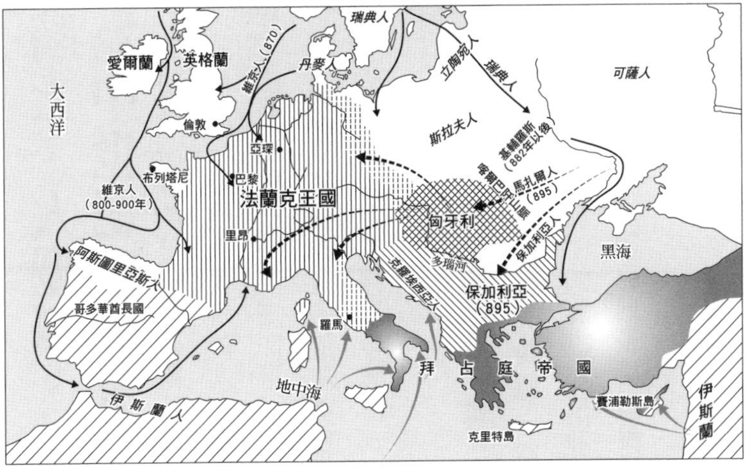

那之後，北非的伊斯蘭勢力將地中海的拜占庭海軍殲滅。

同一時期，**斯堪地那維亞的維京人（諾曼人）也開始四處劫掠**。

西元一〇〇〇年左右，西歐與其鄰居的關係出現逆轉。義大利的海軍日益壯大，開始有能力與伊斯蘭勢力對抗。

俄羅斯、匈牙利、斯堪地那維亞三國改信基督教。野心勃勃的國王想必指望基督教的信仰能矯正缺乏紀律又野蠻的部下，教他們讀書寫字吧。

騎士、大型犁、商業為中世紀歐洲妝點色彩

這個時代的拜占庭帝國行封建制度（在拜占庭稱Pronoia）。擁有土地的王侯貴族率領重騎兵守衛邊境。不過，像這樣地方上的王侯貴族也經常反抗皇帝，這件事可和伊斯蘭勢力在地中海的擴張行動一併思考。

西方查理曼的帝國無法與維京人（諾曼人）和馬扎爾人抗衡。這種時候，軍事、政治的主導權就會轉移到以重裝備的騎兵（騎士）作為武裝的領主或騎士。

他們**開始用新的戰術作戰。也就是說，他們不再用騎馬射箭的戰術，改持重型長槍，持續朝敵人攻擊，突破敵軍。因此，「鎧甲」的存在具有重大意義。**有關鎧甲發明的詳細情形並不清楚，**西元八世紀時，法蘭克軍已出現配備馬鐙、鎧甲、大型馬匹及重型長槍的新型戰士。**

關memo

話說，麥克尼爾先生並未說明「封建制」的內容。這時代的戰士、領主、騎士、諸侯等為避免不必要的衝突，會互相締結主從的契約關係。土地（即封地）在締約時扮演很重要的角色。

在這時期的歐洲，**笨重且大型的犁十分普及**。其結果是生產力提高，不但能養活眾多的騎士還綽綽有餘。

再說，歐洲北部海域的維京人**發覺交易財貨可能比當海盜更有利可圖，因而開始建立貿易據點**。

於是，這些城市的居民養成自己的事自己作主，自己防禦外敵入侵的習慣，對西方文明的未來深具意義。**騎士、大型犁、充滿魄力的商業人口帶給西方與其他文明迥然不同的制度和技術**。

此外，**馬頸部護具的發明也很重要**。因為這項發明，馬變得可以搬運重物而不會勒到脖子。人們也開始在馬蹄上加裝蹄鐵，利用馬來工作，速度是牛的兩倍。以這樣的角度來看，「黑暗的中世紀」其實是成果豐碩的時代。水車和水力製粉所也創造了新的機械力來源。

不列顛島方面綻放文藝的花朵

這個時代果然也還是「黑暗時代」。人們忙於鬥爭，未在文學和藝術上投注心力。不過在愛爾蘭和不列顛島上卻可見文化欣欣向榮。**西元五世紀聖派翠克的愛爾蘭改信基督教**為其開端。

豐富多彩的學問在愛爾蘭成長茁壯，傳教士在英格蘭、蘇格蘭及各地的日耳曼人社群傳教。但愛爾蘭豐富多彩的文化卻遭到**維京人的破壞**。

歐洲展現一副反攻的架式，改革諸多的社會制度和種種技術。不過，當時的歐洲不論怎麼比都不如伊斯蘭各國、印度和中國。新的行動在西元一〇〇〇年後才逐漸展開。

Section 15

游牧民族的燦爛時代

土耳其和蒙古的征服造成的衝擊 西元一〇〇〇－一五〇〇年

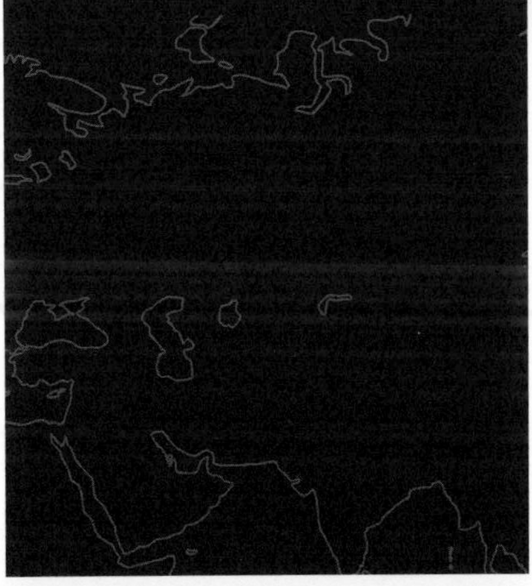

壯大伊斯蘭世界的土耳其人

講土耳其語的民族一直居住在阿爾泰山脈至南俄羅斯的乾草原中央地帶。伊朗東部的城市和農村，伊朗人和土耳其人相互滲透，也出現土耳其人改信伊斯蘭教的情形。

西元九世紀中葉以後，原本擋住乾草原上游牧民族向外擴張的伊朗領主們勢力衰退。理由之一是，**移居城市的伊朗人具備了豐富的文化後，對戰爭失去興致**。

伊朗人一直把土耳其人當傭兵，控制伊斯蘭世界中樞的伊朗、伊拉克和敘利亞。擁有力量的土耳其人雖然漸漸熟悉伊朗風格、阿拉伯風格的伊斯蘭文化，卻依然說著自己的語言，並保有軍隊的同袍意識。

土耳其人因部族間的對立等，政治上並不穩定，但他們大大擴展了伊斯蘭世界的邊界。西元一〇〇〇年左右，**伽色尼王朝（阿富汗土耳其人建立的伊斯蘭政權）的馬哈茂德入侵印度**為一切的開端，三個世紀後，伊斯蘭教在印度（南印度除外）傳播開來。而南印度的印度人王朝維查耶納伽爾王國，一五六五年被蒙兀兒帝國消滅。

一〇七一年，拜占庭帝國在**曼齊克爾特戰役中敗北，將小亞細亞的統治權讓給塞爾柱王朝。同一時期，土耳其民族的一支（欽察人，後來的欽察汗國即以他們的名字命名）大批湧進烏克蘭**，使得與拜占庭帝國和剛改信基督教的俄羅斯的往來聯絡變得困難。

在這種狀況下進行的**第一次十字軍東征**雖然成功（奪回聖地），但以後的十字軍也無法阻擋土耳其人的進出。

非但不能阻擋，**一二〇四年第四次十字軍襲擊君士坦丁堡，讓世界見識到拜占庭帝國的衰敗**。這個帝國在一二六一年東山再起，但已不能與義大利的經濟力、土耳其人的軍事力相抗衡。

一三五四年，鄂圖曼帝國（一二九九年建國）**占領加里波利半島，一三八九年在科索沃擊敗塞爾維亞軍隊，一四五三年占領君士坦丁堡，並以此地（之後改稱伊斯坦堡）**為帝國的首都。

與當地人劃清界線的蒙古稱霸

西元十三世紀，蒙古人讓土耳其人在印度和歐洲的攻勢暫時中斷。**成吉思汗組織強力的軍事聯盟**（千戶、百戶制）向四方擴張。

他在中國（當時華北成立**「金朝」**，江南成立**「南宋」**）的西方打敗伊朗和伊拉克的伊斯蘭教徒後，更進一步擊潰俄羅斯的基督教徒（成吉思汗直接滅掉的強國為花剌子模和西夏）。

成吉思汗死後，廣大的領土被分割給他的四個兒子。統治初期，這四個國家的關係良好，並採用蒙古的習俗，由么子繼承軍事指揮權，支配蒙古和中國。

蒙古人接觸到文明後，也步上以往游牧民族同樣的道路。在西方改信伊斯蘭教。但在中國內部（窩闊台和忽必烈分別滅了金朝和南宋）情況則不同，為防止支持可汗的蒙古士兵被中國人的大軍拉攏過去，特地**從西藏引進喇嘛教**。

像這樣與中國人劃清界線反而容易招致中國人的反擊，結果就是將政權拱手讓給了**「明朝」**。

距離成吉思汗即位，只經過一個半世紀。可以說，蒙古的歷史不過是中國史上的一個小插曲。

不過在中東和俄羅斯也是同樣的結局。**他們不只改信了伊斯蘭教，更與乾草原上具有支配性地位的土耳其人漸漸同化。**西元十四～十五世紀，土耳其人的伊斯蘭戰士自稱是成吉思汗的後裔，朝印度教和基督教的世界進軍。

一二五八年遭蒙古大軍（成吉思汗之孫旭烈兀）摧毀的巴格達，因嚴重毀損一直未能復舊，直到二十世紀。

鄂圖曼（土耳其）帝國的登場

鄂圖曼土耳其原本只是小亞細亞西北的一個小部落，最後其**蘇丹（鄂圖曼土耳其的首領）**底下竟匯集了來自伊斯蘭世界全境的戰士。

鄂圖曼土耳其對基督教國家的攻擊不為別的，只為了能夠同時遂行宗教上的功績和英雄式的暴力行為。鄂圖曼土耳其隨著領土的擴大，漸漸感到在以往的封建制（賜與封地，承認其徵稅權，並課以兵役）難以確保士兵們的忠誠和服從。

因而採用**耶尼切里（新軍）**。他們在法律上的地位是奴隸，卻成為蘇丹的常備軍，不但學到高等的軍事技術，且保證能出人頭地的菁英部隊。為補充軍團的兵源，他們相中巴爾幹半島（以波士尼亞和赫塞哥維那等居多）上的年輕基督徒，耶尼切里軍團對鄂圖曼土耳其帝國的發展做出莫大貢獻。

蘇非運動為伊斯蘭擴張的關鍵之鑰

另一方面，阿拔斯王朝的哈里發在西元一二五八年蒙古軍攻陷巴格達之前，就因為土耳其人的關係導致權威下滑。而且現實中混亂的政局，也撼動了伊斯蘭社會的原理原則。在這樣的狀況下，出現了一群尋求真正神之道而熱中於神祕主義的人——**蘇非**。

尤其是德行高的人物身邊，聚集了眾多的信徒，當中有的發展成狂熱的教團，有的後來就消失了。蘇非會引導人走向合乎伊斯蘭律法的生活，以便成為伊斯蘭教徒，只要遵循蘇非的引導情況就會好轉。

其結果導致**小亞細亞成了伊斯蘭教之地，乾草原的中、西部伊斯蘭化，伊斯蘭教往印度滲透，非洲東、西部的伊斯蘭化加劇**。身處敘利亞、伊拉克等伊斯蘭世界中心的基督徒也持續皈依伊斯蘭教。**蘇非為穆罕默德的教義注入龐大的新力量**。

向聖人之墓膜拜、邊呼喊神的名字邊徹夜舞蹈等的儀式變得普遍化，原本與伊斯蘭教關係淡薄的人也變得容易加入成為一分子。事實上，伊斯蘭教也漸漸吸納印度教的元素。

蘇非主義改變了伊斯蘭文化的結構。為初期伊斯蘭社會貴族式、宮廷式的理想注入天上愛的光芒。**「伊朗的詩」**在表現這半世俗、半宗教的感受性上發揮重要的作用。因為這緣故，波斯語在伊斯蘭世界成為主要創作詩的語言。另外，土耳其語則被用在軍事和行政方面。

而在神聖的事情上，阿拉伯語當然扮演最重要的角色。

蘇非主義也對人的理性造成影響，但不算是多麼可喜的影響。比方說，**伊本・西那**這位醫學家所著的《醫典》一書非常寫實，因蒐羅太過詳盡，站在蘇非主義者重視神祕性冥想的立場來看，完全不具吸引力。

因此，伊斯蘭的科學從此式微。成為蘇非主義者的**安薩里**採納亞里斯多德的邏輯學，寫作《哲學家的矛盾》，但卻否定邏輯在達到真理上的作用。

另一方面，歐洲從中世紀起展開的**「探究」**活動到現代依然持續。**從事這類探究活動的伊斯蘭學者**、西班牙的**伊本・魯世德（拉丁名為阿威羅伊）**，或如埃及的邁蒙尼德那種受到亞里斯多德啟發的大學者們，對始於巴黎的經院哲學帶來莫大的影響。

孕育細密畫的伊斯蘭藝術

伊斯蘭式的建築和繪畫與蘇非主義同時興起。建築尤其重要，特別是**清真寺**，使用至今經過多次修復，當時的狀況已不復見，因此對細部的演進並不太清楚。不過，已知在西元一〇〇〇～一五〇〇年左右，它漸漸發展出獨特的樣式，並沒有像伍麥亞王朝時代那樣受到希臘和波斯的影響。

繪畫在伊斯蘭世界因為涉及偶像崇拜一直遭到蔑視。不過在伊朗，它以偉大詩人作品的插畫形式蓬勃發展，並確立**「細密畫（miniature）」**的風格。其完成度之高，令歐洲人大為驚嘆。

印度教在印度的三大轉變

入侵印度的征服者並不否定種姓制度，而是自願成為其中的一分子。

不過，伊斯蘭教的普遍性與種姓制度相牴觸。蘇非主義者們吸引城市的下層階級改信伊斯蘭教。

孟加拉地方也有許多人選擇提倡平等主義的伊斯蘭教。

印度的伊斯蘭世界，上層為統治者、戰士和地主們，文化上是波斯人，種族上是土耳其人；下層階級為原住民族的農民，將過往的傳統帶進伊斯蘭教中，說著阿拉伯語。

此外，印度教在伊斯蘭民族的統治下，在三個面向上出現轉變。

一是，**伊斯蘭教的入侵者破壞印度風格的建築**，又不允許重建，所以現今留存的印度教建築都位於南印度。因為這緣故，印度教的祭典通常在城鎮的公共廣場舉行，或是列隊從城鎮遊行到鄉村。

再者，印度教的聖人們與神明相通時感到喜悅的模樣，和蘇非主義者類似，也使得伊斯蘭教成功在印度取得情感上的優勢。

第二項轉變是，出現**一部分思想家嘗試剝除印度教和伊斯蘭教中被認為虛偽不實的部分，找出共同的真理，再將兩者融合**。迦比爾即是這樣的人物，他的弟子**拿那克**則創立了**錫克教**。

第三項轉變是，**在笈多王朝時代盛極一時的梵語的衰退**。因宗教活動開始使用印度語和原住民族的語言，梵語便消聲匿跡。

這轉變讓印度教走近一般民眾，保證其宗教生命的延續。

建立「第三羅馬」的東正教

西元一〇五四年，基督教分裂成**羅馬天主教**和**東正教**兩個世界。原因是兩者在使徒信經（表白信仰的格式文字）的語法上意見相左。

東正教世界未能對文明做出任何貢獻，而拉丁的西歐世界對財富、權力和文化的影響日增。

拜占庭帝國失去了小亞細亞和南俄羅斯的領地。西方則有義大利商人進出，除此之外，諾曼人也步步進逼南義，他們占領了拜占庭的西西里島。

不過，拜占庭帝國利用外交手段讓法蘭克（歐洲）和諾曼人將注意力轉向土耳其（第一次十字軍東征），擺脫其威脅。可是當拉丁人在第四次十字軍東征中占領君士坦丁堡，建立拉丁帝國（麥克尼爾先生寫的是黎凡特（Levant）的帝國），拜占庭帝國便經歷一場重大的考驗。

伊斯蘭教徒允許基督徒保有原來的信仰，但拉丁人卻將自己的基督教教義強加於人。

拜占庭帝國在屈服於鄂圖曼帝國之前，境內的希臘文化正踏上復興之路。在西元一〇〇〇年之後，希臘文化變得更加強大。這股復興之勢雖然在一四五三年鄂圖曼帝國攻陷君士坦丁堡時遭到扼殺，但兩個世紀後，其精神在義大利半島上開枝散葉。即所謂的**文藝復興**。

當土耳其人在歐洲建立地盤時，東正教會內部被稱為**靜修派**（欲逼近與神一致的靈性運動。和伊斯蘭蘇非主義的關聯也被提及）的神祕主義者的活動愈來愈引人注意。他們的靈性運動是巴爾幹半島上改信伊斯蘭教的人數沒有繼續增加，基督教徒仍占多數的原因。

屬於東正教圈的俄羅斯在蒙古統治期間（一二四〇～一四八〇年）取得顯著的發展。農耕範圍擴展到森林地帶，儘管土地貧瘠、氣候嚴酷，貧困的農民依然漸漸有能力自給自足。在政治方面，蒙古委由中亞的商人管理徵稅，後來則交給莫斯科大公等負責。

其結果是，莫斯科大公建立了一個稅務員的官僚組織，使他在推翻蒙古統治時，有辦法動員行政組織。**莫斯科成為唯一正統派的基督教國家，神職人員**

於是極力宣傳「莫斯科是第三羅馬」。

從此以後，即使是經過西元一九一七年後，俄羅斯人依然如此相信：自己是被特別選中的民族，負有守護這世上真正信仰的使命。

傳統為中國的發展帶來局限

在蒙古人統治之前，**「宋朝」**的**朱熹**便確立了新儒學。話雖如此，但在儒學歷史上，忠於古人經常被認為是最重要的宗旨，而冠上改革之名的東西則不曾獲得承認。

不過，十一到十二世紀的中國**已使用焦炭為燃料，打造出巨大的製鐵產業，比英國早了七百年。而且，地域性分工為國內貿易的擴張打下基礎，進而開始發展海外貿易。**

不過，儒家的理論把商人視為寄生者。莫非是這緣故才沒有形成大規模的商業和產業？後來也明明有條件發展成工業革命卻沒有發生，其原因可能出在未能改變中國古老的社會吧。

政府統管商業活動也是一個原因。在這之後建立的**「明朝」**派**鄭和**（宦官，同時也是皇帝的心腹）遠征南洋一事中，即可看到政府自己開啟新的事業後又中途縮手的典型。

北京的政府之所以中止這項已慢慢在東南亞確立支配權的事業，是基於重視防禦北方民族入侵，不該將資源虛擲在南方的傳統思維。中國的海外殖民政策（是否稱得上海外殖民還是疑問，不過，這個時代華僑已進出東南亞）失敗，海上的支配地位漸漸移轉到日本和馬來海盜的手中。

Section 16

歐洲與日本的特異發展

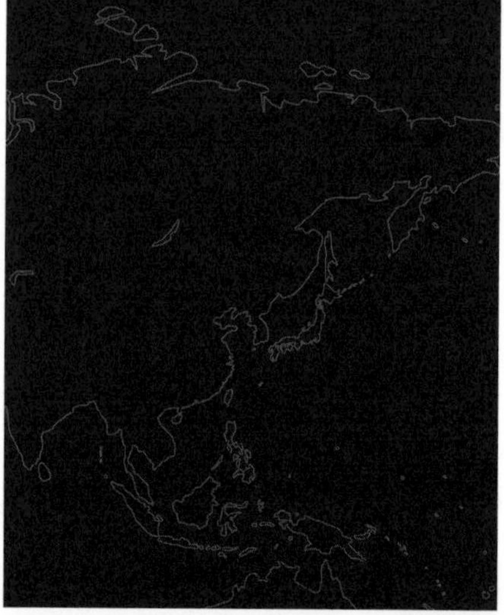

中世紀歐洲的整體樣貌

在西元一〇〇〇年之前，歐洲西北產生許多**騎士階級**（一般稱為諸侯或騎士的勢力）。以一對一的作戰來說，他們的裝備和訓練可說是當時的世界之最。其背後經濟的發展不容忽略。

當時的人**普遍砍伐森林，在闢出的土地上使用板犁（日本高中世界史學的**

是「鐵製重型輪犁」，再結合三圃制）。更富有創業精神的城市居民，或擁有自古以來的神學體系的教會，對經濟和文化的發展貢獻巨大。

事實上，拉丁基督教世界的邊界朝四面八方擴大。雖然花費不少時間才拿下斯堪地那維亞和西凱爾特，但**西元一〇〇〇年左右冰島和挪威皈依；一一七一年，盎格魯撒克遜的騎士們入侵威爾斯和愛爾蘭**。

在東方，**日耳曼的騎士團和農民在易北河以東進行移民，日耳曼的商人則進出波羅的海**，在各地設立據點。波蘭和匈牙利一邊向日耳曼人學習各種知識、技術，一邊抵抗他們的進出，但未能阻止他們的擴張。

東部和南部的邊界具有重大意義。這兩處緊鄰拜占庭和伊斯蘭的世界，不同於蠻族的世界，對歐洲文明更有幫助。

十一世紀後半，諾曼人占領西西里島，使原屬拜占庭的領土歸於教宗和法蘭克王國的統治下。

西班牙和葡萄牙也慢慢在反抗伊斯蘭勢力，**一四九二年攻下最後的據點格拉納達**。

其間，**十字軍也在愛琴海、北非和埃及**的土地上作戰。靠十字軍建立起的帝國都無法持久，這些帝國經過幾世紀浮浮沉沉，在一七九七年拿破崙滅掉威尼斯共和國後消失了蹤影。

海路運輸鞏固了歐洲的經濟

到十四世紀中葉為止，歐洲農業的發展驚人。只是和十四世紀中葉的黑死病大流行一比就不那麼引人注目，但在佃租、市場、租稅等方面已起了變化，這發展則暫時中斷。

關memo

大概是指從古典莊園走向純粹莊園等的轉變，麥克尼爾先生似乎不怎麼喜歡以這種方式深化問題。

城市在西元一三〇〇年左右以後同樣呈現成長遲緩。而在波羅的海沿岸和義大利中、北部沿岸城市及黎凡特地方的「帝國」（十字軍建立的國家？）等地則發展商業。但到了後來，日耳曼中部和低地諸國（尼德蘭地方）的發展異常顯著，開發礦產、發展鯡魚漁業，為資本主義式企業帶來刺激。

歐洲商業的特色是，**以未加工的大眾用品（毛織物、穀物、鯡魚、鐵）為主**。有錢人用的奢侈品不過是歐洲商業的一部分。

歐洲的海岸線和河川在內陸縱橫交錯，**海上運輸幾乎四通八達，即使是低價貨品也可以送達遠方市場的歐洲人，開拓自然水路，成功將日常性消費商品運送到各地**。

歐洲西北部的天候確實不太穩定，要航行潮流湍急的海域需要改良航海技術。而實際上也真的做出劃時代的改良。正如亞當・史密在《國富論》中所寫的，**海運的興盛**帶給中世紀歐洲一切經濟上的好處。活用在亞洲未能發展起來的海路往來交易和通商，漸漸對全世界造成巨大的影響。

政治上持續整合的歐洲

貫穿整個中世紀，拉丁基督教世界的**羅馬教宗、帝國繼承人（神聖羅馬皇帝）、查理曼的繼任者們，無不主張對一切擁有主權**。各國的君主、封建諸侯、地方上的地主，乃至於城市和邊境的氏族和農民，皆為追求權利、免除義務等而相爭。

西元一〇〇〇年到一五〇〇年的歐洲可以分成三個階段來看。

第一階段是**皇帝（即因查理曼的usurpation（篡位？）而來的日耳曼統治者時代。指的是查理曼的加冕嗎？）在日耳曼和部分義大利主教的支持下，企圖牽制地方君主，使他們的權威不得高過自己**的時代。這是因為皇帝的統治權只及於義大利和日耳曼。法蘭西、英格蘭、蘇格蘭、斯堪地那維亞、荷蘭、匈牙利皆各行其是。

第二階段是**一〇五九年（拉特朗公會議，限樞機主教擁有選舉教宗的權力）以後。教宗的權威成為教會改革運動的核心**。教宗在日耳曼及義大利與皇帝作戰。直到一二五四年（霍亨斯陶芬家族滅絕，一二五六（亦有一說是一二五四）年起進入皇位長期空缺的時代），皇帝的權威已蕩然無存。

那之後是第三階段，**教宗與英、法國王之間開始出現對立**。以前兩國國王為對抗皇帝，曾與教宗輕度結盟，但在一三〇三年法王的手下綁架教宗波尼法爵八世時（阿納尼事件），戲劇化地出現新的權力平衡。

結果是，**法王和教宗皆試圖防止比自己小的地方統治者崛起、獨立**。日耳曼和義大利的情況則大異其趣，小城邦和小君主國的自主性持續加深。皇位自一二七三年起基本上都是由哈布斯堡家族繼承，一直延續到一八〇六年，不過其權力一直依附著以奧地利為主的世襲領土。

教會也接受了巨大考驗。一三〇九年以後，教宗遷居南法的亞維儂，淪為法國國王的下屬。

一三七八年在羅馬，一四〇九年又在比薩，分別選立教宗，成了教會的大分裂時代。一四一四～一四一七年的康士坦斯大公會議（波希米亞的胡司在這次會議中被視為異端處死）收拾了這亂局，從此以後，教宗政治愈來愈無望。

形塑中世紀歐洲的身分制議會

這一小節暫且換個話題，介紹一下「代議政治」。

議會的根源有二。**一是教會法規定，關於主教的任命和教區的普遍性問題，教會領袖必須開會整合所有人的意見。**

另一個是，**教會的思考方式被帶進世俗世界，演變成任何君主都需要徵詢臣下和侍從的意見**。會議的內容除了調解臣子間的對立和軍事策略之外，還加上臨時捐獻的問題。後來這臨時捐獻被用來支付戰爭費用，國王開始會用那筆錢召募戰士（傭兵）。

後來又進一步發展成，連城市的有產市民和神職人員也被召集來參加這樣的會議。農民的想法當然不會被反映出來，但擁有財產的人開始被允許表達自己的意見。

歐洲的執政者通常會考慮臣下的經濟利益，好好推行政務，這漸漸深植於歐洲的政治結構中。尤其是**對於能夠增加稅收的改革，具有幾近異常的適應力**。

關memo

身分制議會最有名的就是英國的國會（一二九五年）和法國的三級會議（一三〇二年），可是麥克尼爾先生不使用這類已普遍化的歷史用語（有這類用語的話，應該會比較容易理解一點）。此外，條目名稱為「整合」，但原文是用Consolidation一詞。應該是指在中世紀初期分權式（無政府）體制中逐漸產生領導中心吧。

文化的整合

西元一〇〇〇到一二〇〇年之間，歐洲人在阿拉伯、拜占庭的文化傳統中，急切地學習能夠引起他們好奇的事物。

在西班牙和義大利南部，學者們進行有組織的翻譯作業，將阿拉伯語翻成拉丁語。亞里斯多德學說的拉丁語翻譯影響尤其巨大。

讓亞里斯多德學說與基督教真理協調一致的工作，對想要保存自己繼承的思想遺產的人來說非常必要。

此外，**可說是繼承自蠻族的騎士生活，也有必要整合進基督教的模型中**。殘忍和粗野的暴力，不符合基督教愛的精神。

透過武士確立自我風格的日本

在日本向北擴張的過程中肩負重任的邊境豪族們，**與優雅且反戰的理念無緣，強調戰場上的勇氣和對指揮官的忠誠等**。他們的規範十分嚴格，像是對臣子的訓練等。

西元一三〇〇年以後，日本誕生了商人和水手這樣的新勢力。從在沿岸航行，到開始進出中國和東南亞。

此外，武士氏族與軍事集團間鬥爭的小故事孕育出**戲劇**。**日本繪畫風格和像「茶道」那樣優雅的文化**也從中汲取養分。

禪宗為敗北、退出沙場的武士，提供一個能填補其以軍事為重、蕭瑟索然的生活場域。此外，**淨土宗興起，贏得廣大民眾的支持**。

Section 17

文明社會的外緣 直到西元一五〇〇年

大航海期以前的東南亞、非洲、美洲大陸

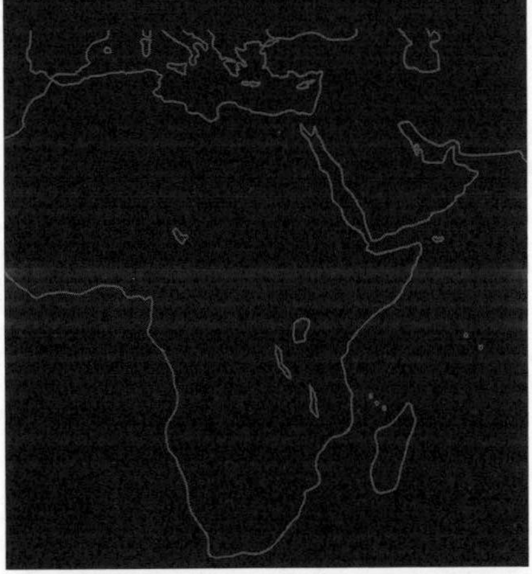

外緣地帶的動態

到了大航海時代展開之初的西元一五〇〇年，舊大陸上只剩下凍原和北極海沿岸的狹長地帶不曾受到文明的影響。

飼養馴鹿的民族完全未參與人類的文明創造，一直**維持著因紐特（愛斯基摩）文化**。

像非洲那樣廣大且富於變化的區域，其發展歷程不是輕易能夠理解的。西元一五〇〇年以前，非洲尚比西河以南、澳洲和塔斯馬尼亞等地絲毫未受文明影響，恐怕處在與上古時代的狩獵民族無異的狀態吧。

東南亞和南太平洋的動態

印尼諸島和東南亞存在由一群種植根莖類蔬菜、懂得原始航海術的人建立的社會。印度人和中國人慢慢深入那樣的社會。自西元前後起，尤其是印度文化大量傳入，不過到了一六〇〇年以後，因伊斯蘭教徒掌控印度洋的航海圈，使得這個地區與印度的關聯減弱。

因此，許多印度教徒（有一些佛教徒）的宮廷變成開始仰賴自己所在地區的資源生存，結果創造出絢爛的文化。

例如，**爪哇成了印度教帝國（一二九三～一五二〇年左右）的中心，建造了滿者伯夷大神廟；湄公河下游則成了高棉帝國（八〇二～一四三二年）的心臟地帶，吳哥窟即為其文化的代表**。

西元一二〇〇年左右起，兩股外在力量侵襲東南亞印度化的宮廷文化。一是**泰人。他們推翻高棉帝國，在湄公河流域擴大控制。**不久，傳教者們讓泰人改信佛教（藏緬佛教。十三世紀左右？）。另一股力量來自**伊斯蘭教，其傳教的結果，使伊斯蘭信仰擴大到馬來亞（現在的馬來西亞）、蘇門答臘、爪哇、菲律賓**。除了峇里島之外，印度教逐漸絕跡。

與此同時，**波里尼西亞（夏威夷、紐西蘭、復活島包圍起來的海域）的航海民族將高度的文明傳播到遙遠的太平洋對岸**。

那是在他們的祖先發明為獨木舟加裝邊架（舷外浮木）之後（一六〇〇年間）的事。從各地區語言的相似性可以略窺波里尼西亞人向外擴展的情形。

非洲撒哈拉以南的動態

非洲是人類的發祥地。而且可說是唯一在人種上一直維持多樣狀態的地區。非洲的住民清一色是黑人的認知並不正確。但因缺乏完善的記錄，目前很難重建其人種分布的情形。

十五世紀非洲人類的動態

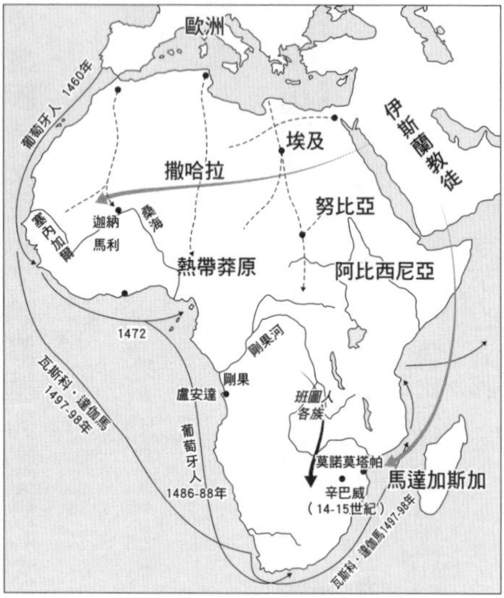

撒哈拉沙漠將非洲一分為二。北部屬地中海文明，具有悠久的歷史；南部地區則豐富多樣，以尼日河為界，分成西非和東非（南邊到好望角）。

從埃及文明只到達努比亞（蘇丹）一事，也可以說明非洲在地理上被劃分的情形。

西元前後起，印尼的原住民族即已踏上非洲的土地。推測是從印尼的婆羅洲（加里曼丹島）沿海路而來的民族，移民到馬達加斯加島上。其證據是，**印尼原產的根莖類蔬菜竟然成為非洲的主要農作物**。這事也**對西非造成衝擊**。農耕民族開始移民剛果的熱帶雨林，即是拜印尼的作物之賜。

此外，居住在離貝寧灣不遠的班圖各族能夠擴大勢力，被認為也是因為這種作物開發成功的關係。

西元三〇〇年左右起，**騎乘駱駝穿越撒哈拉沙漠的商隊貿易開始將羅馬世**

界的文明傳入西非。貿易的標的有黃金、鹽和奴隸，迦納即是靠這貿易的利益打下基礎，成長為西非最早的大國（四到八世紀左右）。

這時期的東非，**努比亞（蘇丹）和阿比西尼亞的關係很緊張**（四世紀，衣索匹亞的阿克蘇姆王國滅了蘇丹的麥羅埃王國，蘇丹因此也被基督教化）。這地區的基督教因單一性靈論的異端學說，與羅馬的關係淡薄。**衣索匹亞因紅海貿易繁榮起來**，但七世紀伊斯蘭教興起後，開始走下坡。蘇丹雖然被伊斯蘭化，但衣索匹亞直到現在依然是信仰基督教的國家。

西元七到八世紀，伊斯蘭勢力壓制北非全域的結果，使得東、西非開始與伊斯蘭教徒相鄰。不過要到一〇〇〇年以後，伊斯蘭教才往撒哈拉以南擴張，**一〇七六年迦納（八世紀左右建立的黑人國家。以黃金、鹽貿易聞名。與現今的迦納不同）被摩洛哥的穆拉比特王朝滅掉，這地區遂被伊斯蘭化**。

這時成立的**馬利王國**（十四世紀達到鼎盛，黃金之都廷巴克圖很有名）舉足輕重。十五世紀，東非的努比亞（蘇丹）落入阿拉伯人手中後，阿拉伯人又繼續向西挺進撒哈拉的南緣，沿途大肆劫掠。

瓜達富伊角以南的東非歷史並不明朗。七〇〇到一四〇〇年之間有一段時期，**辛巴威的多處地點展開大規模的採礦活動**。從附近的石造建築（辛巴威的衛城）即可看出其規模之浩大。

另一個重要事件是**飼養牛的游牧民族南下**。他們把一直占據東非廣大區域的胡維人（科伊桑）趕到南方。到西元一五〇〇年時，班圖族的南界已來到尚比西河。在歐洲人繞行好望角附近時，非洲絕大部分地區幾乎全受到先進社會的影響，即使這影響已經「被稀釋」。

美洲大陸的動態

這段期間，美洲大陸上也出現足以稱為文明的複合社會。西元一五〇〇年時，墨西哥和祕魯兩地在環境利用技術上，達到與前二五〇〇年以前的美索不達米亞和埃及相似的水準。

只是，當西班牙人粗暴地踏進那個世界時，四千年的差距明顯不利。

新世界開始栽培植物的時間，大約是在舊世界開始栽培小麥、大麥之時。不過從野生種植物，到經由自然交配能達到足夠生產力的作物要花費許多時間

（直到前二五〇〇年左右才成功）。

因此，需要**靠狩獵採集來補農業的不足**，所以人口才會一直與生產量相對應。此外，新世界沒有馬、牛等能夠家畜化的動物。

在這樣的條件下，一直要到西元開始前不久才發展出高度複合的社會。這時期，**瓜地馬拉和墨西哥兩地建設起為數眾多的石造巨大宗教中心**。西元三〇〇到九〇〇年左右為中美洲土著文化的古典期。

祕魯的發展比墨西哥稍晚，但古典期與墨西哥遙相呼應。不過，**這地區的植物栽培以馬鈴薯為主，並採用引水灌溉的方式栽培，而不像玉米的栽培仰賴雨水澆灌**。

西元五〇〇到一〇〇〇年之間的某段時期，祕魯的河川匯入太平洋的流域，同時受到始於蒂亞瓦納科（玻利維亞的的喀喀湖附近）的藝術風格影響。推想這可能是軍事上統一造成的結果，但統一的時間不長。

不久之後，**印加帝國於十五世紀擊敗反抗勢力，在全祕魯建立起中央集權式的統治體制**。這個帝國和古代埃及一樣，利用**道路、官吏和太陽曆信仰**實行統治。

　　我們一般以西元一五〇〇年作為近代和中世紀的分界。地理上的發現和宗教改革，給了進入彌留階段的中世紀歐洲最後一擊。亞洲的文明重演與游牧民族無休止的對立，但一五〇〇年以後，地球上的海洋漸漸成了歐洲人的高速公路。對亞洲諸文明來說，這件事的意義已超過游牧民族，可是這些地區的因應態度尚有些遲鈍。

　　讓我們以一五〇〇年、一六四八年、一七〇〇年、一七八九年及一八五〇年作為劃分，考察歐洲逐漸確立優勢的過程。

第III部

西歐的勃興與宰制

Section 18

全球化時代的開端

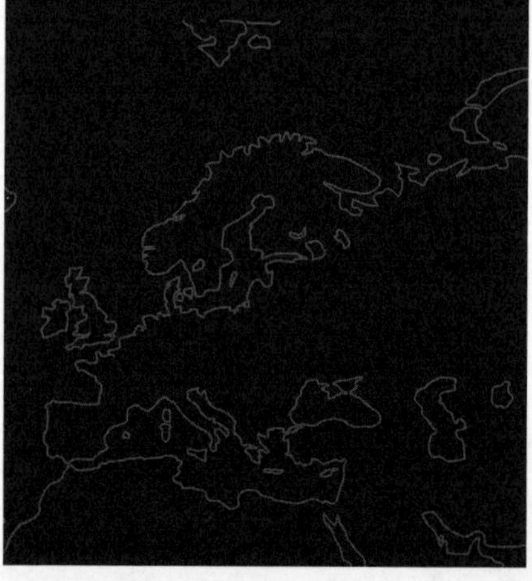

永無終止的野心和技術的進步 開啟了大航海時代

「地理上的發現」或「大航海時代」這類名詞一直在被重新評價。

「發現」是十分歐洲中心式的觀點；而想到印度洋上的交易活動自古就很興盛，也不願乖乖接受「大航海」這種說法。不過，讀完麥克尼爾先生記述的恩里克王子在航海上的成就後，感念歐洲的合理性精神，便覺得「發現」、「大航海」這樣的說法也沒錯吧。

話說，準確的經線儀（航海或天文觀測用）的發明是在十八世紀中葉以後。在那之前已出現「地圓說」，但要在汪洋大海上觀測經、緯度並非易事。**葡萄牙的恩里克王子**於是召集多位數學家進行研究。當然不僅如此，還研究航海技術、造船技術等，搜集所有和航海有關的情報，做足一切準備。

後來**瓦斯科・達伽馬**能夠在看不見陸地的情況下連續在海上航行九十三天，即是拜這些技術、情報之賜。**巴爾托洛梅烏・迪亞士**測定好望角的緯度也成為寶貴的情報。事實上，迪亞士的測量記錄有很大的效用，雖然似乎有相當的誤差，但好像能比較輕易地航行在海上。

此外，不能忘記**他那趟航行最大的目的，是要到達一般人相信存在於東方的傳教人約翰（Preste João，傳說中的基督教國家的國王）之國**。換句話說，那就是「十字軍」精神。過程中取得的奴隸和香料等「物資」理所當然都資助了這項事業。

造船技術的發達也令人驚豔，**到了西元一五〇〇年左右，歐洲的大型船舶**

都具備龍骨和帆，並承受得住發射重型砲時的反作用力。這改變了以往讓軍艦去衝撞軍艦，再登上敵艦的作戰方式。

唯有日本和中國的帆船是競爭對手，但**亞洲無法取得製造重型火砲用的金屬，因而確立了歐洲在船艦製造上的優勢**。

一五〇九年，葡萄牙在印度西海岸北部迪烏外海進行的海戰中，擊潰馬木路克王朝數量遠多於他們的艦隊即是典型的例子。

葡萄牙在**果阿**、**麻六甲和忽里模子等地建設據點，並抵達廣東，一五五七年獲准在澳門居住**。**麥哲倫**橫越太平洋後雖然在菲律賓遭到殺害，但西班牙在一五七一年**建設馬尼拉，作為亞洲貿易的據點**。日本則因葡萄牙人漂流到種子島，被迫打開與歐洲的窗口。

受到西班牙式宰制的新大陸

然而，對當時亞洲的大帝國來說，**歐洲的海軍並沒有多大的意義**。日本的倭寇（這年代很多是中國人）和歐洲人對北京政府（當時為明朝）都不構成威脅。

印度的政府（蒙兀兒帝國）在迪烏海戰後也沒有給予歐洲特別待遇，伊斯蘭商人們都避開葡萄牙的艦隊，自在地進行交易活動。

不過，美洲大陸的情況和亞洲大不相同。西班牙人不費吹灰之力就征服了墨西哥和祕魯，原住民族都乖乖服從其統治。

像這樣，**形態上是西班牙式（西班牙人以絕對的支配者地位掌握主權），宗教上信仰天主教，並支使原住民族開採金礦、銀礦的新世界在新大陸上誕生**。

舊世界（歐洲以外）並未出現海軍實力能與歐洲抗衡的國家，於是歐洲人在大海上自由來去，為世界上所有文明社會和土著民族社會帶來巨大的影響。當中受到注目的是**物價革命、新大陸作物的傳播和疾病的擴散三件事**。

物價革命使社會的安定受到動搖

西班牙開始出現物價革命（白銀流入增加造成物價暴漲，據說上漲了四倍），不用說，**歐洲各國肯定受到影響，甚至波及鄂圖曼帝國和中國（明朝後半開始實施用白銀繳納租稅的一條鞭法）**。

傳統社會所擁有的安定性因物價革命而瓦解。有人利用這狀況一夕致富，也有人因此沒落。沒有人理解白銀供給過剩究竟與物價有何關聯。

政府（國家）為增加收入，不得不想出新的徵稅方法。

認為這世上的貪婪和邪惡比前一個時代還要嚴重的想法，使宗教、政治的混亂更加擴大。

左右人口增加的糧食栽培

從新大陸被帶進來的栽培作物也對世界造成很大的影響。**玉米的栽培**迅速擴展到**中國西南部、非洲和歐洲東南部。馬鈴薯和番薯（中國是經由東南亞傳入）的情況正好相反，因為氣候條件，中國無法栽種稻米的丘陵地開始大量栽培番薯。**

而在歐洲，寒冷的氣候也能生長的馬鈴薯受到歡迎，為人口增加做出貢獻。不過要到十七世紀後半以後才大量栽培。

此外，美洲產的栽培作物也傳入非洲，特別是西非，使得這地區的人口增加，進而演變成將這些原住民族（黑人）大量賣到新大陸種植園去當奴工。

在所有地區傳進傳出的疫病

大航海時代**將傳染病擴散到世界各地**。雖說無法提出明確的證據，但**天花、麻疹、傷寒這類疾病的病原菌**應該是從舊大陸傳入新大陸，從非洲傳入新大陸的則有**黃熱病和瘧疾**。因為這緣故，使得西元一五〇〇年被西班牙帝國收編的五千萬美洲原住民，到一六五〇年時減少到只剩四百萬人（包括西班牙的移民在內）。像這樣的人口減少同樣發生在太平洋各個小島上，**對沒有抵抗力的原住民來說，疾病比戰爭還可怕**。

另一方面，文明化地區對許多疾病可能已經適應了，**不再有疾病會造成大量死亡，唯一的例外是從新大陸傳入舊大陸的梅毒**。過去的傳染病也轉為地區性疾病，在歐洲、中國、印度、中東的某些地區，造成人口減少的原因逐漸消失。

事實上，在一六〇〇到一七五〇年之間有段時期，可以看到史無前例的人口成長現象。美洲產的栽培作物被認為對此也有貢獻。

歐洲的疾病變少，而新大陸的疾病增加，癱瘓了原住民族抵抗歐洲人統治的意志。再者，十六世紀後半俄羅斯之所以能擺脫韃靼人的桎梏，也與疾病的傳播有關。

不過，對中世紀歐洲造成威脅的「鼠疫（黑死病）」，一般認為是經由附著於毛皮上的「跳蚤」，從中亞被帶進北義大利再擴散到歐洲。

歐洲人的知識和發明能力飛躍的時代

大航海時代從世界所有角落匯集而來的知識和技術豐富並擴大了歐洲版圖。

歐洲的航海者因此帶著強烈的好奇心，研究一切在航行中遇到的事物，在他人所有的工具中挑選自己中意的東西，努力去發現、借用他人的長處。

沒有其他文明在面對航海所開啟的可能性時，是抱持像歐洲人這樣的態度。亞洲各國更是完全相反，根本無視別人的知識和技術。

不過，歐洲的質變並不只是因為發現和那之後的開發。深植於歐洲內部的「緊張」關係，與來自外部的緊張發揮同樣的威力，這點不能忘記。這部分留待之後再討論。

Section 19

漫長的十六世紀～近代國家的萌芽

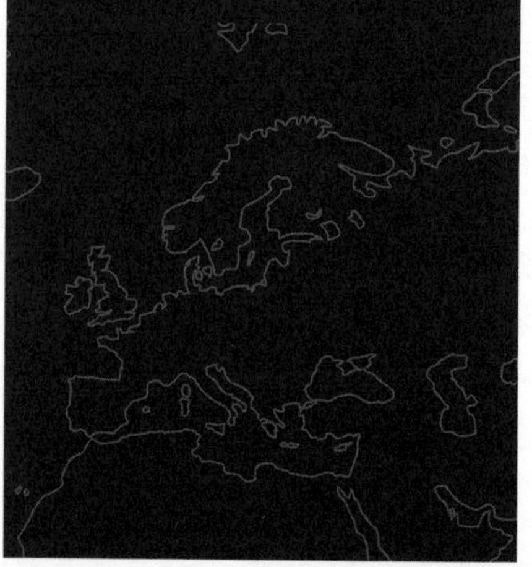

常備軍、宗教改革、武器革新催生出中央集權

這個時期是克服中世紀封建式分權，建立中央集權國家的時代。**在法國、西班牙、英國、瑞典都大致成功。**

不過在中歐（也就是日耳曼民族的神聖羅馬帝國）則分裂成城市和領邦，

而且儘管領邦日益強大，**神聖羅馬皇帝仍是向心力的核心**。更甚的是，**在東歐，比方說匈牙利、波蘭，還殘留貴族和城市的特權；在俄羅斯和鄂圖曼帝國則整頓成多民族國家的體制**。

關memo

一般普遍以布勞岱爾和華勒斯坦所提的「漫長的十六世紀」一詞來評價這個時期（也包含十五世紀後半在內）。這時期同時也是重商主義的確立期。感覺麥克尼爾先生應該也是同樣的看法。

在中央集權化成功的國家，貴族和城市的權利受到限縮。此外在天主教各國，王權對神職人員的發言變得愈來愈具分量。

有人從以下三個面向分析這種情況出現的原因。

首先是西元一五〇〇年以前（北）義大利（城市）的存在。麥克尼爾先生指出，**北義大利城市的貴族和市民階級被整合為一，因而採行職業性的常備軍（傭兵）**制度。

第二就是從宗教改革及其引發的混亂中尋找原因。對遵從聖經教誨的天主教教會的挑戰（宗教改革）引起了暴力（戰爭）。它持續了一個世紀以上，過程中，**採用新教的國家自是當然，連舊教國的政府（國王）也同樣掌握住了教會的財產及神職人員的任命權（支配教會）**。

軍事技術的變革被指為第三個原因。在那之前，騎士只要有馬和盔甲就能自由活動，但**有了大砲、槍和彈藥後，要先受訓練才能有效利用這些武器，不再是個人力量就能上場作戰的情況**。而且，**為生產、分攤這些裝備，愈來愈少不了銀行、企業家和工商業者等等城市元素**（反過來說，一個國家如果沒有發達的城市，便會發展停滯，無法成為先進國家）。

中央集權就在這三個原因複雜地相互作用下成立，但另一方面，歐洲周邊地區的貴族和市民則利用天主教和新教維持強大的權力。

以「市民自由」為名強盛起來的國家

在荷蘭和英國，王權原本就一直受到限制，兩國在法律和喀爾文教派的教義中找到反抗中央集權化的理由。

荷蘭各州儘管只是鬆散的聯盟（非中央集權），但對抗西班牙（腓力二世）的高壓統治，達成獨立，躍升為世界頂級強國。

在中世紀大憲章（限制王權，保障議會的地位）的原則，和追求清教主義的聖人政治這一點上，英國的革命是「反動的」。因此，對實行軍事、清教主義式獨裁的克倫威爾的不滿加劇，於是在他死後王政復辟。不過，主權依然留在議會。

先不論對後世的影響，荷蘭的聯邦制和英國的議會制在當時實屬特例。何況**兩國都擁有強大的海軍，也成為國家安全的保障**。

稱霸歐洲的哈布斯堡家族

從天主教世界兩大權威——教宗與皇帝，及與逐漸得勢的國王的對抗中，應該能看出這時代「國際政治」的重要性。

麥克尼爾先生似乎認為在這情勢中登場的新教（Protestant），被利用來支持普世國家和天主教會。

我不曾以這樣的觀點來看教科書，不如說，我對麥克尼爾先生用這種教科書中沒有的宏觀的、俯看歐洲世界的姿態深感折服。

名門哈布斯堡家的查理五世不只在西元一五一九年當上神聖羅馬帝國的皇帝，他更稱霸歐洲，且將統治權擴及新大陸廣大的領土，看來彷彿成為普世的君主。

他樹敵眾多。法蘭西國王、鄂圖曼帝國的蘇丹和羅馬教宗（義大利戰爭中，法蘭西國王和教宗結盟）都是他的敵人。

不過他退位後，哈布斯堡家族和教宗的關係便好轉。此外，查理五世埋首於這類對外關係，因而在日耳曼國內的宗教統一上失敗。

他在一五五五年的奧格斯堡宗教會議上承認路德派的信仰，（但是以城市和領邦國家為單位）與路德派妥協。

查理五世將哈布斯堡家族**分割成西班牙（其子腓力二世）和奧地利（其弟斐迪南，日後並傳位給他）**。不料兩國皆整合失敗。西班牙阻擋不了日耳曼的分裂，同意荷蘭獨立，無敵艦隊並敗給英國，除了新大陸之外，還包括勃艮第公國剩餘部分（比利時等）、義大利和葡萄牙（短暫期間）皆被納入英國統治。

在地中海又與鄂圖曼帝國的艦隊對峙。但在腓力二世死後，西班牙在經濟和軍事等方面都開始顯露衰退的傾向。

另一方面，法國結束宗教戰爭（對新教讓步，如承認胡格諾的信仰等），在波旁王朝的統治下開始強大起來。

因為這緣故，奧地利的哈布斯堡家族成為歐洲天主教復興的旗手。而且其政策十分強硬，成了**引發自一六一八年起三十年戰爭的導火線**。丹麥、瑞典和法國都加入這場戰爭，日耳曼的分裂終於成定局。

經由貿易取得新財富的國家

西元一五〇〇到一六四八年之間，西班牙和奧地利加強對波西米亞和匈牙利的統治，向世人誇耀其優勢。法國雖然因三十年戰爭而崛起，但其影響力有限。既有像哈布斯堡那樣的家族存在，海軍實力又不如人，可以想見法國根本無法與荷蘭和英國競爭。

荷蘭和英國以其強大的海軍擊潰西班牙和葡萄牙，雙雙在東印度設立公司，**荷蘭幾乎獨占印度洋和東南亞（以印尼為主）的香料貿易**。

在美洲（新）大陸，英、法分別在美洲東岸和加拿大展開殖民活動，但**英國、法國、荷蘭在加勒比海諸島上，利用從非洲引進的黑奴種植甘蔗才是最大獲利所在**。

這獲利超越了葡萄牙在巴西進行的甘蔗栽培。

整個發展過程展現了當時歐洲人的活力。這時代歐洲人所做的思想上論爭和武力鬥爭等，並沒有全部白費。經過這樣的鬥爭，使得歐洲人為達成政治、經濟上目的的能力大增。

不僅是如東印度公司那樣的商業發展，對真理和美的追求也促進技術發展，為歐洲文化帶來多樣性。

文藝復興

向古代羅馬尋求典範的文藝復興運動大約始於十四世紀，在西元一五〇〇年左右進入鼎盛期。

麥克尼爾先生舉馬基維利和**李奧納多・達文西**作為代表性人物，並指**天文學者哥白尼**是受到他們兩位的影響。

文藝復興的精神翻越阿爾卑斯山脈，在培育中產階級的地方，綻放出文學和藝術的花朵。**塞萬提斯**、**拉伯雷**、**莎士比亞**成為代表，被翻譯成各國語言的聖經也扮演了很重要的角色。

新、舊教的拔河尚未終了——宗教改革

雖說文藝復興不具宗教傾向，但**宗教卻在這個時代愈發重要起來**。中世紀也有英國的威克里夫和波希米亞（捷克）的胡斯發起的教會改革運動。不過，十五世紀初的康士坦斯大公會議完全封堵了那樣的行動，並強化教會一直以來的地位。

此外，在伊比利亞半島上進行的復國運動（從伊斯蘭教徒手中收復國土的復地運動），也塑造出國家和教會更緊密的關係。

不過，**當教廷追求「世俗的利益」更大於對宗教精神性的追求，為重建聖彼得大教堂而販賣贖罪券（免罪符），路德便以經院哲學論辯的方式（具體來說就是將提問寫成書狀張貼在維滕貝格大學附屬教會的門上）批判這樣的做法**。

路德對此的態度如燎原之火般蔓延開來。**其立場是「聖經至上主義（聖經即是真理）」、「因信稱義（真摯的信仰才是義）」及「信徒皆教士（否定信徒要透過教士才能與上帝溝通）」三大原則**。

他的教義獲得對教會的剝削愈來愈感不滿的日耳曼人支持，但因查理五世和多數有權勢者的反對而被暫時壓制下來。不過這時有位有權勢者——薩克森公爵保護他。於是他執筆寫作《致日耳曼基督教貴族書》、《教會的巴比倫之囚》、《基督徒的自由》，繼續活動。

日耳曼的混亂波及整個歐洲。

以瑞士日內瓦為發展舞台的喀爾文派教義，對英格蘭在一五三四年（亨利八世發布至尊法案，樹立英國國教會）斬斷與天主教的關係影響巨大，同時對荷蘭和蘇格蘭造成強烈的衝擊。

新教在法國的氣勢減退，天主教則在義大利凌駕其他教派。

路德派傳播到日耳曼和斯堪地那維亞，影響波及逐漸生成中的民族主義。不過，面對日耳曼國內發生的農民起義，路德認為農民將「基督徒的自由」解讀成免除佃租等（社會體制的變革）而批判農民。這使得人們轉為私底下祕密、半祕密地支持激進主義的新教。

路德對獲得上帝恩寵的確信，贏得多數人的共鳴。**人們進而想將它傳播出去，並寫出眾多著作（活字印刷的普及）。**

在這過程中，天主教也轉向開始反擊。新教則面臨分裂的問題，更多派別生成，並衍生互相攻訐的狀況。但不久便出現彼此試圖互相理解的行動。只是在英格蘭，不得不經歷克倫威爾的時代（清教徒革命）。就結果而言他是失敗的，清教徒革命成為人們不願再去關注宗教上論辯的一個原因。

天主教方面花了很長的時間才有所回應，其中也出現像羅耀拉（耶穌會）這樣的人物，用與新教同樣的熱情反擊宗教改革，積極地在歐洲，甚至海外地區從事活動。此外，特倫托大公會議上，與會代表們也重新互相確認天主教的教義。

科學的進步

宗教改革、宗教戰爭期間，漸漸出現關心世俗性問題，而非探究神學上真理的人。例如**伽利略・伽利萊**在宗教戰爭的時代，經由觀察和根據數學做出的推論，擁護**哥白尼的天文學**。

與伽利略同時代的**笛卡兒**則試圖創造數學式嚴謹的「哲學」。在醫學上，向古羅馬蓋倫確立的世界提出挑戰的是，**維薩里**（解剖學）和**哈維**（血液循環論）。

此外，**克卜勒（麥克尼爾先生評論他為「狂熱的神祕主義信徒」，應該是指他是「占星術師」這件事。占星術對當時的宮廷意義重大）**分析**第谷・布拉赫**的觀測結果，發現有關行星運動的定律，擁護哥白尼的學說。

培根提出不必倚賴教會的權威，觀察即可解開自然祕密的立場。對望遠鏡、顯微鏡、溫度計等新學問的發達做出貢獻。

不過，科學並未取代宗教。而且，十七世紀中葉以後對立依然持續，但神職人員和科學家都不再有能力壓制或驅逐與自己不一致的見解。

文化多元性的出現

在西元一五〇〇年到一六四八年的混亂中，歐洲人發現意見不同時「也能達成共識」，其結果促使思想的多元論在歐洲生根發展。

不論是文學或藝術都開始看到同樣的多元性。藝術上已脫離義大利人創造的形式，多樣紛陳，西班牙的**維拉斯奎茲**和**艾爾・葛雷柯**、荷蘭的**林布蘭特**、法蘭德斯的**魯本斯**等別具特色的流派成立。在建築方面，天主教國家流行文藝復興之後發展起來的**巴洛克樣式**，新教國家則盛行**哥德樣式**。

這時代為擺脫中世紀窠臼而帶給歐洲人的「創傷」，對後來歷史的衝擊極其劇烈。不過，正是這經驗激發出非比尋常的人類才能和個人成就。李奧納多・達文西等偉人的成就，誠然可謂「現代世界的開創者」。

Section 20

西歐的衝擊～服從與抵抗的世界

歐洲的外緣 俄羅斯和南北美洲 西元一五〇〇－一六四八年

大航海時代，中國（明朝）、印度（蒙兀兒帝國）和中東（鄂圖曼帝國）只要隨便敷衍一下來到附近的歐洲人，就不會有問題。

可是在美洲大陸，西班牙人破壞了其高度的文明，並移植進自己國家的制度。另外，俄羅斯的體制雖然牢不可破，但抵抗西歐勢力，並不像過去抵抗來自乾草原的壓力（游牧民族的統治）那麼容易。**麥克尼爾先生使用「教會和國**

家雙方都面臨嚴重壓力」一詞描述這樣的狀況。

掙脫韃靼人統治而崛起的俄羅斯

西元一四八〇年以前，俄羅斯絕大多數的國土都在欽察汗國（掌握黑海到裡海北岸再到南俄羅斯的主權）的統治之下。話雖這麼說，但大汗將國內的徵稅委由莫斯科大公管理，而且到了這個時期，大公也不再認為有必要將稅收繳給大汗。這一年，**伊凡三世不再效忠大汗，開始自稱沙皇（君主的稱號）**。

莫斯科大公國實質上地解脫「韃靼人的枷鎖」。

話說，這時期克里姆林宮握有的**「大砲」**，對游牧民族的戰法占有決定性的優勢。話雖如此，但韃靼人的攻擊依然持續著，要到十七世紀中葉才有辦法完全防守得了他們。

這個時期，**定居的農民、工人間普遍備有槍械，於是開始能戰勝騎馬的游牧民族**。也就是說，游牧民族的攻擊一直持續，直到移動速度和韃靼人一樣快的**「哥薩克騎兵」**開始駐守邊界為止。

欽察汗國衰微後，接著進入十六世紀後半，俄羅斯越過烏拉山脈積極往敘利亞方面進軍，在十七世紀中葉以前到達鄂霍次克海（一六八九年與中國簽定尼布楚條約，以外興安嶺和額爾古納河為界）。**俄羅斯人強迫西伯利亞的狩獵民族進貢「毛皮」，將它輸出到西歐，再用賣得的錢購買槍械。**

另一方面，韃靼人的威脅消失為俄羅斯社會帶來改變。在此之前一直服從沙皇稅吏的俄羅斯人開始**移民到烏克蘭和窩瓦河四周**，因而使得自由的哥薩克人數量增加。遷居烏拉爾地方的人也變多。

在這樣的變動中，被稱為**波雅爾**的貴族們得知西鄰波蘭的貴族（szlachta和magnate）不受君權宰制後，便致力追求自主，但沒有成功。一是因為天主教和東正教的差異，二是害怕伊凡四世的鎮壓（歷史上以「特轄區」稱呼其施行的恐怖統治）。因此伊凡四世死後，貴族們隨即發動叛變，俄羅斯陷入紛亂中。

不過在一六一三年羅曼諾夫王朝成立後，政局逐漸走向穩定。

以農奴制增強國力的俄羅斯

莫斯科（俄羅斯）一直維持中央集權體制的原因在於西歐的威脅。

伊凡四世（雷帝）為將領土擴大到波羅的海沿岸，打了一場立窩尼亞戰爭（立窩尼亞指的是現今愛沙尼亞和拉脫維亞為主的區域），不過在波蘭、立陶宛（兩國在一五六九年結盟）、瑞典等地敗北。

伊凡四世死後俄羅斯政局動盪，波蘭趁機入侵，俄羅斯隨即抗戰。幸好波蘭內亂幫了忙，西元一六一三年羅曼諾夫王朝成立。

瑞典因為三十年戰爭而轉移注意力，也幫了俄羅斯的忙。**俄羅斯社會落後於西歐各國是事實。但這反倒讓俄羅斯壯大起來，實在諷刺。其中一個原因就是農奴制。**

當時俄羅斯的國家財政付不出官僚和軍人的薪水。因此，沙皇將土地分封給他們。同時**完成農奴制，將居住在那片土地上的農民和土地綁在一起（禁止逃亡，如果逃跑就嚴厲懲處）**。

俄羅斯正教會的成立

當西元一四五三年君士坦丁堡落入鄂圖曼帝國手中時，俄羅斯相信東正教教會是基督教最後的堡壘，將自己的立場正當化。相對於俄羅斯這樣的立場，已遷移、定居在其鄰國波蘭的耶穌會傳教士則展開傳教活動，試圖勸非天主教徒服從羅馬教宗的領導。

當時波蘭—立陶宛（共主邦聯）的統治範圍涵蓋今日俄羅斯大部分的領土，因此基輔的主教們皆認可天主教的教義。當時俄羅斯教會的聖經有一些抄寫和翻譯的錯誤，並不完備，俄羅斯的神職人員面對耶穌會的指責是否有能力回應，引發問題。

後來是靠著**「俄羅斯東正教會的歷史比耶穌會要悠久，所言才是真理」的主張**，才度過這危機。因為對俄羅斯的教會來說，承認新的立場即等於否定過往的歷史。

伊凡三世自義大利聘請建築家，伊凡四世為紀念與阿斯特拉罕汗國（又稱可薩汗國）的戰爭勝利，**興建現在成為莫斯科紅場象徵的聖瓦西里大教堂，並**

製作出無數代表俄羅斯正教的高水準聖像畫。

西班牙化的美洲大陸

新大陸的文化基礎遠低於俄羅斯，因此受到的衝擊遠遠超過俄羅斯。原住民族試圖維護自身生活形態的戰鬥並未有組織地延續下去。因此，美洲原住民的文化遺產遭到毀滅性的打擊。

西班牙人輕而易舉地成為阿茲提克和印加的統治者。而且在墨西哥和祕魯人口集中**地區建造巴洛克式教堂，除了細部之外，外觀上也宛如將西班牙整個移植到新大陸**。

西班牙對原住民的宰制十分苛刻。尤其是礦山需要勞動力，但因為對舊大陸傳來的天花、鼠疫等疾病缺乏抵抗力，使得西元一五〇〇年左右推測有五千萬的人口數，到了一六四八年左右估計只剩下約四百萬人，而且這裡頭還包括從舊大陸來的移民。

這樣的人口減少導致這地區原有的自給自足體制瓦解。西班牙人利用原住民來開採礦山，而不是讓他們投入農業生產。

西班牙的法律不允許奴役原住民的行為（關於這部分，拉斯・卡薩斯呼籲保護土著民族的運動成效巨大）。但西班牙殖民者將自己的利益擺在第一位，隨心所欲地差使原住民族。

而當時十六世紀的礦山經營告一段落，傳教士的活動便開始引人注目。

耶穌會教士進入位於南美大陸中央的巴拉圭，**建立為教化原住民的聚落（集合化傳教村）**，直到十八世紀中葉以後耶穌會被驅逐為止，建設原住民族的大共同社會，再把那裡生產的東西輸出到歐洲大陸。

耶穌會藉此取得巨大利益，因此很難單純地評價其功過，但也可算是**建設了一個善意的宗教專制共同體，為原住民的教化竭盡心力**。

更為殘酷的種植園經營

其實西班牙對納入統治下的墨西哥和祕魯原住民的處置也有穩健的一面。

不過在其他地區，如加勒比海諸島和巴西（依教皇子午線，這裡歸葡萄牙所有），則實施更為殘酷的統治。

加勒比海海域的原住民急速滅絕，統治者於是利用非洲引進的黑奴種植甘蔗，在極不合理的條件下經營大規模的種植園。

話雖如此，但這些種植園在十六世紀還不具重要性（荷蘭和英國尚未正式進軍新大陸可能是一個原因），要到十七世紀後半才開始正式經營。

順帶提一下，麥克尼爾先生前面談到耶穌會在巴拉圭施行的政策，稱它是「介於西班牙和其他地區之間」。

Section 21

伊斯蘭教 vs 印度教和基督教世界

伊斯蘭世界及其屬地的印度教和基督教社會 西元一五〇〇－一七〇〇年

遍布亞洲和歐洲的伊斯蘭世界

自穆罕默德創立伊斯蘭教以來，伊斯蘭世界的領域持續擴大，這情況在西元一五〇〇年以後依然不變。到一七〇〇年為止的兩百年間，應該可說是伊斯蘭史上最輝煌的時代。

舉個例子，十六世紀成立於印度的蒙兀兒帝國，**十七世紀後半在奧朗則布**

的治理下，幾乎統一全印度。

伊斯蘭教因伊斯蘭商人和蘇非主義者的活躍表現，慢慢在東南亞地區傳布開來，十六世紀時，馬來半島上還出現皈依伊斯蘭教的海港城市（如麻六甲）。十六世紀前半滅了爪哇的滿者伯夷王國後，伊斯蘭教甚至前進到菲律賓。

而在非洲，除了靠初期的貿易之外，更進一步施以軍事和政治上的壓力，使伊斯蘭教擴展到鄉間地區。

伊斯蘭勢力在歐洲也持續擴大。**直到十六世紀中葉，匈牙利一直在鄂圖曼帝國的統治下。**一六八三年（第二次包圍維也納）以前，鄂圖曼帝國對波蘭和奧地利的哈布斯堡家族的戰爭一直處在有利的形勢中。不

亞洲～阿拉伯地區的諸帝國　一六〇〇～一七〇〇年左右

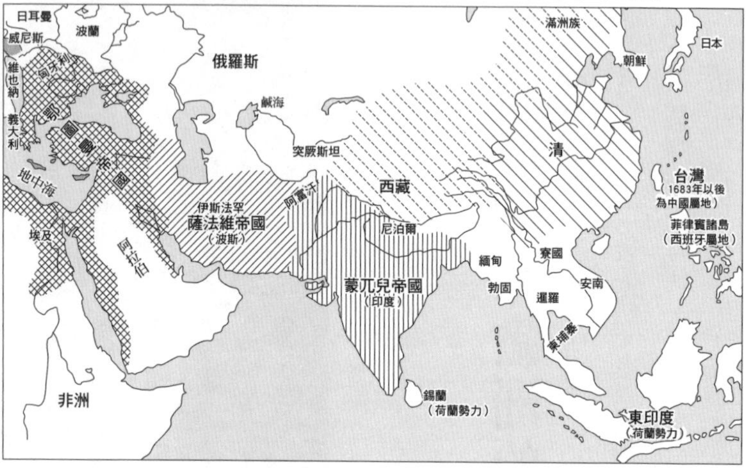

過，第二次包圍維也納失敗後戰爭依舊持續的結果，匈牙利終於歸於奧地利統治。即使如此，鄂圖曼帝國仍舊將領土擴張到羅馬尼亞等地。

不過在中亞，情況開始稍有不同。**俄羅斯已滅了喀山汗國和阿斯特拉罕汗國，蒙古進入中亞以西，喇嘛教已具有影響力。**

這地帶因為海上交通興盛的關係，已無法期待商業上的巨大利益。因此伊斯蘭的商人和傳教士不再造訪此地，會考量這種因素感覺滿獨特的。

利用商業特權優先擴張勢力的商人

海上的情況要比陸上更加複雜。

西班牙和葡萄牙的艦隊開始驅逐地中海和印度洋上的伊斯蘭勢力。不過，兩國的艦隊並沒有強大到能將伊斯蘭艦隊逐出地中海，西元一五七一年（黎凡特海戰，鄂圖曼帝國敗北）以後鄂圖曼帝國依舊保有海軍的實力。印度洋也是同樣的情況，伊斯蘭商人繼續活躍著，葡萄牙人為收取使用費，也同意伊斯蘭的船隻進入其管轄內的港灣。

不過，一六〇〇年以後情況出現了變化。荷蘭、英國、法國的商船開始取代西班牙和葡萄牙的商船，成為地中海和印度洋上主要勢力。

不同於貿易與傳教（基督教）並重的西、葡兩國，**荷、英、法的新勢力重視的是商業上的利益**。因此，他們從**與伊斯蘭社會的統治者締結條約，確保自己的地位**開始。**宗教上的宣傳雖然不活躍，但在削弱伊斯蘭式生活風格這點上效果顯著**。伊斯蘭教的學者們堅信自己宣揚的教義絕對不輸基督教的傳教士，但沒有能力對抗經濟上的衝擊，及從新大陸流入大量白銀引起物價革命的影響。

內陸地方一直維持著商隊貿易、奢侈品販售等自古以來的習慣，影響不大，但沿岸地區在一七〇〇年時已起了變化。

像是從新大陸傳入的玉米、香菸和印度的棉花那種「商品農業」（以販售為目的的經濟作物栽培）漸漸普及。羅馬尼亞、保加利亞、色雷斯、馬其頓及安那托利亞的農民開始栽種玉米作為自己的糧食或家畜的飼料。因而變得有能力輸出比以前更大量的小麥和牛隻。

開始顯現衰退徵兆的鄂圖曼帝國

然而即使出現這類新的經濟情勢，鄂圖曼帝國仍然尚未開始轉向發展製造業（把它想成是工廠制手工業、工業革命之前的階段）。十六世紀後半，**鄂圖曼軍團（以勇猛著稱的新軍）的士兵們獲准結婚，他們與城市裡的工匠家族通婚，因而取得的利益並未投入產業或商業，而是用於高利貸，借給那些渴望升上高位的官僚。**然後，官僚為了還債就剝削人民。

這樣的狀況使得**鄂圖曼帝國的輸出品變成只有農產品**。這與拜占庭帝國末期，義大利各城市奪取黎凡特貿易主權的情況類似，對鄂圖曼帝國來說是不祥之兆。

關memo

常聽到大航海時代的結果導致地中海貿易衰退、北義大利也沒落的說法，但十六世紀以後的地中海，義大利城市在「咖啡」和相關聯的「砂糖」貿易上也很活躍。咖啡完全不受「包圍維也納」的影響，也傳入歐洲，匯集形形色色文化人的「咖啡館」成了改變歐洲歷史的舞台。

歐洲商人們對印度洋附近地區的支配

印度洋也出現新的狀況。歐洲那種「毛織物」的手工製品，對印度的氣候風土來說並不受歡迎。因此，荷蘭和英國的部分商人為防止金銀流出，成功在亞洲各港口轉運物資，賺取利潤。

更甚的是英國商人，比如在印度西部，**以小額的預付款，找人製作自己想要的製品，例如印花布等，然後帶到非洲和亞洲的沿岸地方，在那裡交換具有商業價值的物品**。像這樣的貿易逐漸**改變了東南亞海域自給自足的體制**。

不過，非洲的情況不一樣。在這裡**被當作商品的是「人」，前往伊斯蘭世界的奴隸先集中在東海岸，前往新大陸的奴隸則集中在西海岸，然後再輸出**。

荷蘭統治下的**爪哇諸島，各地的國王遭受軍事脅迫，被強制種植能在世界市場上販售的商品（阿拉比亞的咖啡豆、中國茶、印度的甘蔗等）**。

對印度的織工和爪哇的農民來說，新的資本主義式企業比伊斯蘭的政治主權更為重要。不過，要到西元一七〇〇年之後他們才意識到這件事。在一五〇〇年左右那個階段，中世紀的十字軍、伊比利亞半島上的十字軍（復國運動，即收復國土運動）阻止了伊斯蘭的擴張，可是伊斯蘭勢力依舊持續往其他區域擴大。而且那成為顯示真主的偉大和伊斯蘭教信仰優越性的證據。

什葉派在伊斯蘭世界的動態

十六世紀伊斯蘭世界經歷了一場嚴重的宗教對立。伊斯蘭教最大派別遜尼派和什葉派的對立，尤其是什葉派分裂成許多小派系，成為引發對立的火種。

不過，各個地方仍然保有宗教上的寬容，只要沒受到特別的攻擊，也默許提出不同意見的團體存在。然而，西元一五〇二年這樣的平衡被破壞了。

一五〇二年（亦說是一五〇一年），信奉什葉派的**伊斯瑪儀**在伊朗的大不利茲即位為沙赫（波斯語中「君王」的意思），開啟**薩法維王朝**。他在極短的時間內建設新的國家。

伊斯瑪儀以**什葉派定出的十二伊瑪目（什葉派中相當於「哈里發」的稱號）第七任（同樣名為伊斯瑪儀，但不同人）的子孫身分執行他被賦予的權威**。

薩法維王朝一成為正統，立刻否認伊斯蘭世界其他王朝的權威，也就是說，創立者全成了篡奪者。

一五一四年，伊斯瑪儀的支持者們迎戰鄂圖曼帝國。當時鄂圖曼帝國的蘇丹**塞利姆一世**統治了敘利亞、埃及和阿拉伯半島，控制麥加和麥地那兩大據點，防止伊斯瑪儀派的擴大。

繼塞利姆之後即位的**蘇萊曼大帝將宗教官吏置於國家管理之下**，計畫**為遜尼派的教義建立體系**。不喜什葉派狂熱性信仰的神學者們接受這方針。但與此同時，伊斯瑪儀（沙赫）則是鎮壓遜尼派和什葉派內的異端，甚至要求部下像基督教新教一樣實行「家人信仰確認問答（路德的小問答）」，以求其教義的普及。

像這樣的對立令其他眾多伊斯蘭教徒深感困惑。

印度蒙兀兒帝國的**創立者巴布爾和第二任的胡馬雍**等為鞏固其地位，借助薩法維王朝的力量。不過一確立在印度的霸權後便脫離什葉派，採用遜尼派，**阿克巴大帝**對印度教和基督教也表現出寬大的態度（之後的奧朗則布則強制採用伊斯蘭教的遜尼派）。

薩法維王朝在十六到十七世紀阿拔斯一世統治的時代進入鼎盛期。宗教的革新之火到了這個時期已式微，他死後便與鄂圖曼帝國締結延續性的停戰協定。

緊張的情勢緩和下來，原本祕密進行的什葉派信仰獲得鄂圖曼帝國的認可，**克里特島、保加利亞南部和阿爾巴尼亞等地，基督徒改信伊斯蘭教的情況也增多**。麥克尼爾先生雖然未提及，但在舊南斯拉夫的波士尼亞、赫塞哥維那地方也有愈來愈多人為加入鄂圖曼的新軍而改信伊斯蘭教。這是導致現代史的巴爾幹問題複雜化的一個原因。

知識的倒退和藝術的進步

伊斯蘭世界遜尼派和什葉派的對立並未發展成對教義本質的爭論，而是用武力壓制對方，以此解決彼此的矛盾。因此，堪稱伊朗人傳統的**「詩情」已枯竭**。

有別於思想面，在藝術上，大帝國的成立為其下的建築家和藝術家開啟了被保護的道路。**薩法維王朝的首都伊斯法罕被阿拔斯一世建設成一座庭園城市**（當時被譽為「世界的一半」）。

在印度，**泰姬瑪哈陵**被建造完成，融合伊朗元素和印度元素的**拉傑普特畫誕生**。西元一五〇〇年到一七〇〇年之間是伊斯蘭文化的發展期。但問題是，他們並未專心致力於經濟和思想層面，也未察覺歐洲人在這些方面已對他們構成挑戰。

伊斯蘭支配下其他宗教的動態

在印度，印度教雖然因為伊斯蘭政權的成立而失去國家的保護，但其信仰受到保障。他們在街頭根據印度的傳統創造出新的崇拜形式。**十六世紀初，查坦尼亞狂熱的傳教活動否定種姓間的差異，吸引眾多的信徒**。他們的傳教活動讓印度教在孟加拉地區占有一席之地，被認為是今日孟加拉地區分成孟加拉和印度兩個國家的原因。

除此之外，十六到十七世紀登場的**蘇爾達斯**、**杜勒西達斯**這類詩人，用印度語創作情感豐富、讚頌諸神的詩歌，廣受大眾喜愛。

佛教在錫蘭、泰國和緬甸等地殘存下來。這地區同樣受到基督教和伊斯蘭教的強烈影響，當他們意識到自己的傳統文化，便在佛教中尋求自己國家的認同，回歸佛教信仰。

鄂圖曼帝國內的東正教徒必然與土耳其人共同經歷了許多事。而當十六到十七世紀的西里爾派開始討論宗教改革的問題時，東正教絕大多數的教會中人都滿足於教父和四、五世紀教會會議的形式，使他的努力成為泡影。

另一方面，醫學家們持續接觸歐洲的新思想。**最有才幹的希臘醫學家們在帕多瓦大學學習，吸收大量的西歐文化。**

可以說，分裂的基督教世界是藉由他們來維繫思想上的交流。

Section 22

進步與保守形成交錯——中國和日本

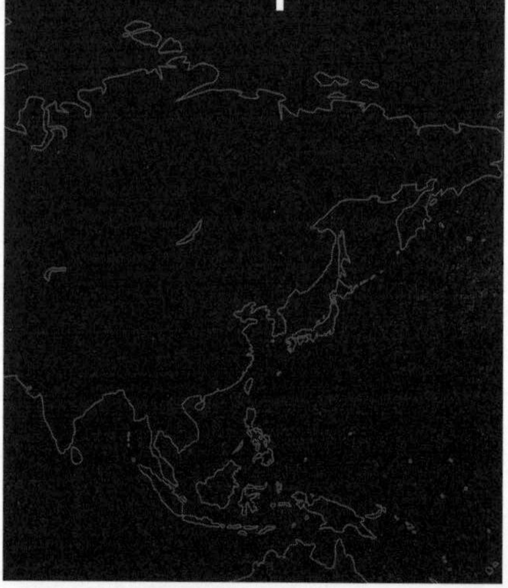

順利由明入清的中國

葡萄牙人最早抵達中國是在西元一五一三年，當時的「**明朝**」雖說已進入衰退期，但十六世紀末仍派兵援助**豐臣秀吉出兵朝鮮**，打了勝仗，並與北方民族作戰，成功防堵其南下。

然而，明朝並沒有計畫要加強海軍。因此，被解雇的船員們紛紛淪為海盜。

關memo

即所謂的「倭寇」。前面已說明過，麥克尼爾先生刻意不使用「倭寇」一詞，其中一個原因是後期的倭寇以中國人為主。

明朝的崩壞因中國王朝常有的惡習、重稅和官僚間的對立（一條鞭法、東林黨與非東林黨的對立等）等日益嚴重，最後因農民起義（李自成之亂）而走向滅亡。這時候，**明朝武將吳三桂等人請求北方的滿人（努爾哈赤建立的後金帝國，此階段已改稱「清」）出兵鎮壓叛亂**。

滿人乘此機會**於一六四四年占領北京，從明朝手中接過皇帝之位，君臨中國**。

滿人早已接觸中國文化。因此不像蒙古那樣受西方文化的影響，所以**能毫無抵抗地接受中國文明**。但他們並不完全信任漢人，故會在戰略據點部署由滿人組成的軍隊。並**為減少軍人與中國百姓接觸，讓軍人保持滿人特有的服裝和習慣**。

但在文官方面則會錄用漢人，並沿用建立在儒家傳統上的官吏任用制度（科舉）。

關memo

這部分麥克尼爾先生與日本高中教科書的寫法，在描述上有許多不同。完全沒出現八旗或滿漢並用、強制辮髮這類用語。以下書寫所採用的觀點也很少出現在教科書上。

與俄羅斯的接觸

此外，滿人遵循中國的傳統，派軍隊駐守邊疆地區。**文明化的裝備（槍砲）對上游牧民族以弓為主體的作戰方式發揮很大的效果。**

然而這個時期中國不只要對付游牧民族，並**與新住民俄羅斯人展開交涉。**他們在大清稱霸中國前不久沿鄂霍次克海到達中國。**中國人也珍愛白貂的毛皮，和歐洲人一樣開始進行毛皮交易。**

兩國簽定尼布楚條約（一六八九年），約定國界和貿易事宜。

這個條約的目的之一，就是**對付長期與兩國作對的卡爾梅克人（十七世紀中與韃靼人並列的蒙古大部族瓦剌人的俄語標記方式）**。中國出於對成吉思汗時代的恐懼，展開對卡爾梅克人的攻擊。西藏已對中國表示臣服，但卡爾梅克人一直持續對抗到十八世紀中葉（乾隆皇時代）天花流行才不攻自破。

西元一七二七年簽定的「恰克圖條約」可定位為：俄羅斯承認中國的疆域擴大到中亞乾草原地帶。

中國在海防問題上也處理得很成功。尤其是一六三五年德川幕府實施禁止日本人出海的海禁策略後，從此不用再擔心令中國苦惱長達一個世紀以上的海盜（倭寇）。中國地方官吏與葡萄牙人簽定非正式協定也減輕了海盜的危害。

中國社會安定下來後，中國人被允許進出海外，也不再需要特別創設海軍之類的。

中國的繁榮與保守主義

這個時期的中國，**海外傳入的玉米和番薯的栽培十分普及，人口開始急劇增加**。加上**手工製造業在農村很發達**，生產出陶瓷品和茶等中國產品，經由葡萄牙商人等被帶進日本和歐洲。像這樣的轉變（與歐洲發生的工業革命和那之後的社會變化相比）是在**未改變中國社會傳統結構**的情況下進行的。

中國的傳統文化也維持不變。來訪的傳教士們帶來天文技術、地理上的資訊和擺鐘等，引起中國人的興趣。以馬泰奧・里奇（中國名為利瑪竇）為首的傳教士們徹底學習儒家後，成功與皇帝和宮廷中人保持友好關係，但**耶穌會沒有對中國學者造成影響，傳教失敗**。在那樣的時代，中國學者們貶抑前代儒學家（朱子學家）們對經典寓意式的解釋，時興語言學式的考據之學。

在一個本國各項制度切實發揮功用、人人遵守儒家原則、安定的社會中，沒有人會去注意外來文化。

日本的秀吉和德川將軍家的統治

與堅守自身傳統的中國相比，日本在西元一五〇〇到一七〇〇年之間達成戲劇化的轉變。因為一五四〇年代葡萄牙人的來訪。

基督教傳布開來，也出現採納歐洲樣式的服裝，最重要的是**對槍砲表現出極大的興趣**。渴望藉由擴大與葡萄牙人的貿易取得大砲和火槍。不過，軍事費高漲，漸漸只有財力雄厚的大名能獲得勝利，而**豐臣秀吉**又善於領兵作戰，日本於是在他手中完成統一。

武士們從自己領有的村莊獲取收入，作為服務主子或透過主子為秀吉效力的報酬。此外，在日本全境確立統治地位的秀吉，意圖將日本人的軍事能量轉向海外發展而出兵朝鮮，但失敗。

秀吉死後，**德川家康**藉一次會戰（關原之戰）取得勝利。**德川將軍（家康之後的歷代當家）的態度比秀吉要慎重。**他們完全捨棄擴張海外領土的大夢，極力打擊國內的敵人。討伐海盜是為達此目的的一個方針，因此**限制海上航行，最後演變成禁止**（不過這似乎指的是禁止進出貿易利益巨大的南洋地區）。

此外，不必再擔心因禁教令（基督教）而切斷從國外籌措武器的管道後，幕府正式展開**對基督教的打壓行動**。

一六三七年鎮壓基督徒的起義（島原之亂）。**在亞洲看似成功的日本基督教社會落得悲慘的下場。**

另外，沒有戰爭，武士失去了工作。他們在生活中實踐學問和儀禮，追求「應有的姿態」，但也有人漸漸耽溺於城市的享樂中。武士因而沒落，將自農村徵收米穀的權利賣給商人或者拿去抵押。

其結果導致**市場經濟滲入農民和土地所有者的武士之間，對日本整體造成巨大影響**。幕府雖曾試圖保護武士的傳統文化，但沒有效果，**武士的文化和庶民的文化被認為發揮互補的作用**。

Section 23

Ancien Régime 成為孕育近代的土壤

歐洲的Ancien Régime 西元一六四八－一七八九年

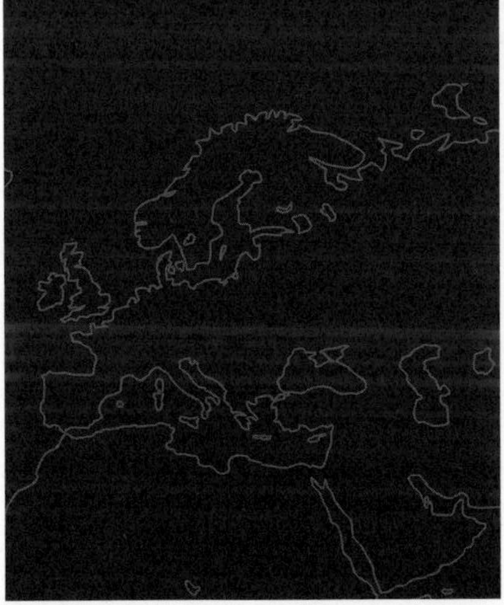

「寬容」的擴大促使時代進步

宗教改革的風暴在西元一六四八年告一段落。以後不再有「試圖強迫對方接受」神學上或其他種類真理的傾向。

歐洲社會的領導者們對溫和的專家寄予期望。**他們擴展到社會所有戰略性據點（軍營、傳教團、法庭、學校等），也開始活躍於特許公司、銀行等新興**

機構。

歐洲社會保障各種各樣的職業，開拓出通往多元化思想和感性的道路。在各自的職業上追求真理，並讓沿襲自舊時代的工作精緻化，繼續前進。重要的是不傷害自己職業的自主性和尊嚴。

「存在職業文化的社會」可說是文明的一個定義。十七世紀後半的歐洲才認識到這件事。

不論人的世界或神的世界都開始重視中庸、均衡、禮節，**允許矛盾和意見不同的「寬容」**滲透各個角落。

串連本土和殖民地的國際戰爭爆發

《世界史》中解說完西元一六五三年到一六八九年（這段期間，路易十四發動了遺產繼承戰爭和法荷戰爭。前者是介入西班牙屬地尼德蘭的繼承問題，後者是報復荷蘭在遺產繼承戰爭時加入反法陣營）的戰爭後，轉而談一六八八年的**大同盟戰爭**和那之後**英、法間的戰爭（殖民地戰爭，因當時的英王而取名**

為威廉王之戰）。

繼之而起的是**一七〇一年開打的西班牙繼承戰爭**，這場戰爭後來也擴大到殖民地（因英國女王安妮的關係，稱安妮女王戰爭）。

其結果是，西班牙波旁王朝成立，奧地利在義大利的領土增加，英國也取得直布羅陀等的土地。

之後戰爭依舊持續，在一七四〇到一七四八年的**奧地利繼承戰爭**（殖民地稱喬治王戰爭），和甚至走到**外交革命**（瑪麗亞・特蕾莎為了與普魯士作戰，與宿敵法國結盟）這一步的**七年戰爭**（一七五六～一七六三年，殖民地稱法蘭西印第安戰爭）中，由英國得利。而既得利益的英國**自一七七六年起也面臨美國獨立戰爭**。

關memo

麥克尼爾先生將這些把日本考生搞糊塗的一連串戰爭評為「有限度戰爭」。

然而，比發生在歐洲心臟地帶的戰爭更引人關注的是東歐的變化。也就是

十七～十八世紀的歐洲

中世紀擁有傲人優勢的波蘭—立陶宛共主邦聯被奧地利、俄羅斯和新興的普魯士瓜分後亡國，遭到「勢力重組」。

這一節的最後特別希望讀者們注意的是麥克尼爾先生的評語。**中部歐洲（義大利和日耳曼）在西發利亞和約（一六四八年）以後成了東西兩勢力的「橋梁」（不妨單純理解為連結東西之意），並經常淪為戰場。**有時與法國結盟，有時又站在反法的一方，那取決於當地的環境、競爭對手、王室間的關係，偶爾還會看誰出的「金錢」條件最好。

國家間的利益均衡狀態

在歐洲主權國家內部，統治者的行動基於不破壞勢力均衡的考量，受到極度限制。過去能對臣下行使絕對權力的情況，也因傳統上被分配給不同集團和階級、足以與君王相抗衡的權利和特權互相牽扯而受到限制。

> 關memo
>
> **寫成這樣非常難理解，近年法國史漸漸會用「社團主義國家」一詞來介紹。這小節的標題是Balancing International Interests，翻譯為「利益」，但感覺似乎改用「勢力」、「利害」會比較好理解。**

以壯麗的凡爾賽宮和「朕即國家」為人所知的**路易十四，現實中也受到許多團體的限制**。如中世紀以來的**三級會議**、**法國東印度公司**等形形色色，在抑制貴族勢力這一點上，某種程度算是成功。

但是卻慷慨地分配年金（長期維持免稅的特權。日後成為引發法國革命的一個原因）和官職（官僚的地位）……。

路易十四死後，貴族們圖謀恢復特權，**但卻訴諸法律，而不是武力。依法支配的確立，是「Ancien Régime」在歐洲全域達成的最大成果。**

關memo

雖然以這樣的形式展開，但在此之前麥克尼爾先生完全沒有對「Ancien Régime」一詞做任何說明。翻譯成日本語就是「舊制度」，可是以「路易十四的時代」說明讀者會理解嗎……？

最後，對立的利害關係和集團間的均衡會因國家和時代而有不同。

相較於法國，**西班牙和奧地利更晚進行改革。直到十八世紀才針對中央集權化進行改革**（瑪麗亞・特蕾莎和約瑟夫二世被認為是開明專制君主）。**教會**在哈布斯堡家族統治下的許多地方**一直擁有很大的獨立權**。法國有高盧主義（中世紀以來的主張則認為法國教會理應在羅馬教會之下），規定高階神職人員要從屬於國王。

用內閣和國債打造強國的英國

在英國，內亂（麥克尼爾先生似乎指的是清教徒革命——一六四二～一六四九～一六六〇，前半為內亂，後半為克倫威爾的獨裁專政）後王政復辟，即位的**查理二世和詹姆斯二世**因獲得法國的支持而無視議會的存在。

因為這事動亂再起，王女**瑪麗和奧蘭治親王威廉**利用西元一六八八年的**「光榮革命」**登上王位後，混亂得到收拾。不過，威廉身為荷蘭的省督，路易十四的動向要比英國更令他擔憂。

只要議會願意協助封鎖路易十四的行動，他就打算將英國的政治移交到議會手中。那之後（一七〇七年英格蘭和蘇格蘭合併，一七一四年漢諾威王朝成立，繼喬治一世、喬治二世之後）到喬治三世一七六〇年登基為止，未出現有人反對議會主義。

英國在這段期間**確立了內閣制度和國債（國家債權）的新制度**。

建立由議會的多數黨（此階段為托利黨和輝格黨，十九世紀變成保守黨和自由黨）組織內閣，對議會負責這樣的制度。

其確立者為十八世紀初的**沃波爾**。不過，當時的議會**並非民主式的議會，與沒有財產的大多數人沒有半點關係**。

過去的借款都歸於國王名下，國王負有清償義務。英國**於一六九四年設立英格蘭銀行後，建立銀行借錢給議會，然後利用課稅保障議會還錢的制度，這新的貸款制度就是「國債」**。

其結果使得戰爭費用可以長期展延，而當清償的擔保增加，利息也會降低，因而能夠進一步向國外舉債。

這制度促使英國的國力大增。英國之所以能在七年戰爭（法國印第安戰爭）中獲勝，正是因為這新體制的關係。

喬治三世為壓制議會做了許多嘗試，但他的野心因美國獨立戰爭的失敗而破滅。看到英國議會制這樣的發展，歐洲大陸上開始有人認為，英國的議會制度也許會是重整自己國家僵化政治制度的模範。

加強富國強兵的普魯士的戰略

布蘭登堡－普魯士（一七〇一年獲認可為普魯士王國）的**腓特烈・威廉**在三十年戰爭的後半登基，為壯大普魯士，以**軍制改革**為主軸進行各種改革，被評價為大選侯。

不過，當時普魯士的國土還非常貧瘠，人口又少。

關memo
積極招攬因路易十四廢止南特詔令（一六八五年）而遠離法國的胡格諾派教徒，也是基於這樣的原因。

十八世紀初即位的**士兵王腓特烈・威廉**，如同其稱號地強化軍國主義。十八世紀中葉的**腓特烈二世（大帝）**發動奧地利繼承戰爭和七年戰爭，在擴大領土的同時，將普魯士培植成歐洲列強之一。

普魯士的國王們領會到**產業和人口是戰爭獲勝的最大因素**，竭盡全力開發國土。因此如同西歐的其他城市，**商人、工匠和專業人員大量誕生，漸漸開始**

在社會上擁有很大的影響力。這雖然淡化了籠罩著普魯士的「軍營」氣息（軍國主義傾向的意思），但此風氣依舊存在於職業軍官的世界。東普魯士的容克（Junker，地主階級）之子為這些軍官的主要來源。

馬鈴薯、玉米和煤礦使歐洲強大起來

歐洲的經濟在整個Ancien Régime時代迅速達成階段性的擴大。話雖如此，但經濟的基礎是「農業」，這方面依然繼續採用自古以來（中世紀以來的三圃制）的農法。要改變這套制度並非易事，但仍然**有設法使產量慢慢提高**。

歐洲的西部**栽種蕪菁和苜蓿（苜蓿的根會吸收氮，使土地變得肥沃）作為牛、馬冬季的飼料後，不再需要休耕地（目的在恢復地力，牛、馬的排泄物成了肥料）**。

除此之外，**馬鈴薯的栽培擴大**也很重要。馬鈴薯可供應的熱量是穀物的四倍，**栽培普及化後，對西元一七六〇年左右起德國人口的增加也做出貢獻**。**在巴爾幹半島和匈牙利，玉米也發揮同樣的作用**。

串連國內各地的道路和運河的整備也持續有進展，由法國領先，英國緊追其後。製造業在法國和英國的發展則正好相反。

也就是說，**個人的企業精神和發明才能**在歐洲大陸內部**受到限制（行會的限制等很嚴格），但在英國沒有**。

而且英國**在煤礦開採上變得很熱絡**。十八世紀初**發明出把煤炭製成焦炭的技術，進一步提高了鋼鐵的供給量**。並開始會**使用鋼鐵製造機械**，製造出**利用蒸汽壓力作為動力的引擎**。

十八世紀初**紐科門發明蒸汽引擎，同世紀中葉，詹姆斯・瓦特根據他的蒸汽引擎，發明出效率更高的蒸汽機**。這蒸汽機催生出蒸汽船和蒸汽火車，大大改變了運輸工具。

瓦特的蒸汽機被引進工廠的生產現場。開始大量生產後，製品的價格便降低。

十八世紀，**紡織機持續改良**（哈格里夫斯、阿克萊特、克倫普頓，及十九世紀卡特萊特的自動力織機），**利用機械生產的英國製棉布以**前所未有的**最高品質誇躍世人，導致印度產的木棉（雖然工匠們的技術高，且人事費用低廉）**

地位一落千丈。

傳統歐洲工藝的世界也起了變化。開始出現**仿造**的新工藝作品。**中國陶藝品的複製尤其精采。**

人類組織的進化也受到矚目。**漸漸開始經營起必須多數人耗費長時間共同努力的事業**（感覺麥克尼爾先生應該是在說大工廠制度和道路等的建設）。

同時出現中央銀行和國債等財政上的設計，大大提升經濟活動的自由度。將循環性變動導入物價體系中。不過，這些措施帶來泡沫經濟的崩潰，如十八世紀初的南海泡沫事件（為克服國家財政危機，試圖讓南海公司吸收一部分國債，再以奴隸貿易的利益償還。一時聲名大噪，股價翻騰，但最後失敗），其後遺症一直持續到十九世紀。

並**在工匠們的技術**（個個技術優異，樣樣細致，但要克服例如不能換零件、組合等的問題）**中導入數學的精確度**。這對時鐘、望遠鏡等集合許多零件做成的製品不可或缺。

一七八九年歐洲經濟的新局面還在初步階段，所以這時出現的嶄新設計漸漸成為日後偉大發展的前提。

Ancien Régime即是培育這種精神的時代。

一日千里的數學和各種科學

宗教改革的時代，**數學**在克卜勒和伽利略的傑出表現下**急速發展**。**幾何學和代數學的融合**也是劃時代的發展。**解析幾何學誕生，更進一步催生出微積分，提升數學式推理的能力，加深其精練度。**

許多人深信，**只要適當地利用數學式推理，所有與人類有關的疑問即可導出普遍可以被認可的結論。勒內・笛卡兒是實踐的第一人**，根據公理和不證自明的第一原理進行**演繹式推論**，獲得許多人的贊同。

史賓諾莎和霍布斯也以不同於笛卡兒的方法追求數學上的確實性，但達到互不相容的結論。

萊布尼茲懷抱同樣的野心。不過，他們並沒有方法來調和彼此的差異。

牛頓試圖以數學規則還原觀察所得的結果，這時他假設這世上存在一種**神祕的力量「萬有引力」**。牛頓的學說強在能用實驗驗證，因此**不久便獲得證**

實。儘管如此，但**牛頓的宇宙觀有損上帝的尊嚴，與路德（新教）和羅耀拉（天主教）建立在與上帝的個人關係上的世界觀呈極度對比**。當時同意牛頓的自然宇宙觀的大多數人仍然保有純粹的基督教觀念。牛頓本身也持續研究聖經所隱藏的意含。

數學對其他各項科學的影響不大。傳教士們將世界各地的資訊帶回歐洲。但生物學和社會科學並沒有從這些資訊發展出數學性的公式。此外，**瑞典的林奈建立植物分類系統，直到現在，生物學依然沿用這套標準**。

法國的重農學派（以魁奈為代表）和蘇格蘭的經濟學者亞當・斯密推論政府介入個人的自由行動會對貿易和產業造成影響（八成會有不好的結果），取得相當的成功。

相信「人類依理性的自利心採取行動」的他們，做出自由應能增進財富的結論。

變遷的政治理論、歷史編纂及經濟哲學

政治學和歷史這兩門社會思想出現新的變化。

在政治學上，擺脫上帝束縛的人開始建構新的理論。從牛頓的宇宙觀來看，會感覺君主似乎不適任。為解決這個問題而出現**社會契約**這樣的概念。

這概念的前提是，居住在某個國家的所有人對政府的形態和權力已有共識。

不過，要達成共識並不容易，**霍布斯主張人本質上都是邪惡又殘忍的，所以應當給予君主無限制的權力；洛克則站在這是人民和統治者之間的契約，統治者只要跨越某個界限，就可以人民造反有理**的立場，將光榮革命正當化。

英吉利海峽對岸的**盧梭，立場比洛克更為激進，認為人民的共同意志中存在不可剝奪和違犯的主權（主權在民）**。

另一項改變是由歷史學者等完成。即將君主的治世、戰爭及其他歷史性事件**依年代排序，以使歷史敘述具有深度和精確性**。

活躍於十七世紀後半的**讓・馬比雍關注中世紀修道院和公文書館所使用的**

文字筆跡，判定其製作的時代和地點。這類研究的先驅**威廉・瓊斯**在十八世紀尾聲**查明歐洲語言和印度梵語的關係**（導致日後發現印度屬於歐洲語族）。

這樣的發展使得人們開始能夠寫出更為正確的歷史。十八世紀後半**吉朋的《羅馬帝國衰亡史》即是這種記述法的完成之作**。

最後是形而上學，雖說與日常生活無關，但有健全的發展。**繼笛卡兒之後，英國的經驗主義哲學家洛克和休謨提出「關於任何事物的知識都不可能確實無誤」**的結論。

而**康德更進一步翻轉休謨的主張，認為人是依循感性和思維模式認識「物自身」，因此只要分析人的精神結構和能力，在一切可能的感官經驗上即可獲得正確且必要的知識**。而且，康德為十九世紀的哲學家們開啟了精神剖析的大門。

「錦上添花」的古典派、浪漫派藝術

十八世紀的歐洲藝術沒有出現像牛頓的世界觀那樣劃時代的發展，意圖在過去的文化遺產上添加點什麼的傾向十分強烈。

不過，即使傳統的規則依舊，但只要經過偉大的藝術家之手，立刻展現巨大的成果。

代表古典主義的**倫敦建築家克里斯多福・雷恩、法國劇作家高乃依、莫里哀、拉辛即站上視覺藝術、文藝藝術的巔峰**。

音樂的古典主義藉由新樂器和聲音的數學性分析，開始會有技術上的靈活度和變化。**沒有受到強調和諧和結構的古典主義規則的妨礙，激發出作曲家的獨創性。塞巴斯蒂安・巴哈和阿瑪迪斯・莫扎特，確立了日後歐洲音樂的根本性規範**。

在文學方面，十八世紀中葉以後，古典主義式的理想在德國和英國銷聲匿跡，人們開始認為文學的偉大唯有透過自由表露自然的衝動方能達成。這樣的**浪漫主義式看法與庶民的語言和對本國語的評價相結合。赫爾德提倡日耳曼人**

要使用德語才能表現其民族的偉大；英國人帕西編纂出英格蘭和蘇格蘭的古民謠。

不過，**麥克尼爾先生說，把歐洲文化史分成「古典主義」和「浪漫主義」本來就是錯誤的分類法。因為文學的品味和藝術的創造性在任何時代都是多樣紛陳的。**

密爾頓寫下基督教史詩《失樂園》之時，**威徹利**則將猥褻、輕妙的喜劇搬上舞台。此外，**伯恩斯**富於技巧的單純詩歌，和**詹森**用許多很長的單字寫成的散文也成對比。

路德用德語翻譯的聖經和莎士比亞的戲劇在各個國家都不會落伍；古典希臘文學為歐洲的國民文學增添光彩；這些讓所有受過教育的人擁有共同的知識寶庫和情感的範圍，即使作家任意援引利用，也能立刻被理解。

Section 24

向「周邊」擴張的歐洲

南北美洲和俄羅斯 西元一六四八－一七八九年

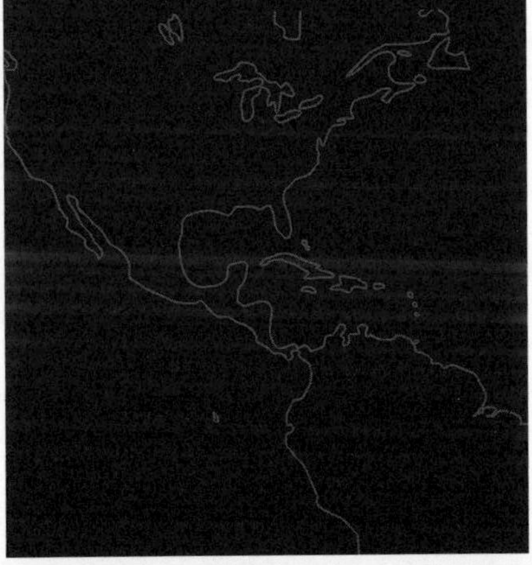

俄羅斯的動態

西元一六四八年時美洲和俄羅斯尚未充分融入歐洲文明。到了一七八九年才逐漸成為名副其實的西方文明世界。

歐洲型社會在南北美大陸扎下了根，美洲的制度因新獨立的合眾國而盛傳於世，同時對舊大陸造成威脅。

一七八九年左右（葉卡捷琳娜二世末年），歐洲文化在俄羅斯十分普及，其國力和沙皇的專制體制在歐洲的政治和戰爭上扮演很重要的角色，並開始構成威脅。

美洲和俄羅斯的社會雖然各自有其獨特性，但**不表示那裡誕生了新的文明**，而是應該視為**一旦交流變得頻繁後，其間的差距便會逐漸消失**吧。**土地相對廣闊而勞動力（尤其是訓練有素的勞工）不足這點**，應該是俄羅斯和美洲大陸的社會與歐洲中心部之間一個很大的不同。在這樣的社會會出現兩種回應模式。

一是無政府主義式的平等和文化上的新原始主義。**也就是說，在那樣的社會裡，用來塑造文明社會的技能、地位、雇用等元素糾纏在一起。**例如：**南俄羅斯的哥薩克人、西伯利亞的拓荒民族、在加拿大活動的法國毛皮商人、美利堅合眾國的開拓者、巴西的奴隸販子、阿根廷的牛仔**等都是。

另一種模式是，**兩極化的主奴階級**。在外部施加而來的政治、軍事上的壓力中，也會出現與邊境的平等主義互相矛盾、複雜的社會制度。也就是**俄羅斯的農奴制和新世界的奴隸制**。

多少會有些例外，但在南、北美洲部分地區可以看到強烈的基於邊境平等主義和自由主義的回應，而俄羅斯則採取高壓統治。

話雖如此，但美洲大陸上西班牙統治的富庶且開發程度很高的地區，一七八九年以後依然維持著極度階級化的世界，而無政府主義式、追求自由的精神卻在高度壓抑的俄羅斯綿綿不絕地流動著。

圍繞著南北美大陸的競合

靠清教徒革命掌握到權力的克倫威爾，藉西元一六五一年發布航海法案的機會，展開第一次英荷戰爭，結果迫使荷蘭在一六五四年撤出巴西（自一六三〇年起占領）。

十年後的一六六四年，**英國奪取北美的新阿姆斯特丹，改稱紐約**（結果引發第二次英荷戰爭）。這是**新大陸發生的第一場大變動**。

接著是**與舊大陸的七年戰爭相對應的法國印第安戰爭，結果法國割讓加拿大給英國**。順帶一提，**英國在印度也大敗法國（普拉西戰役）**。此外，加拿大成為英國屬地，導致英國十三殖民地的居民對英國統治的反彈加劇（由課稅問題演變為正式開戰），透過一七七五年到一七八三年的戰爭達成獨立。

俄羅斯也東進西伯利亞，一七二八到一七四一年由白令海峽（不用說，就是發現者的名字）前進到阿拉斯加。英國對這樣的狀況感到有危機，於是深入**探索洛磯山脈以西的加拿大，並占領該地直到一七八九年為止**。另外，西班牙也**沿著美洲西海岸北上，在舊金山等地設置傳教總部**。

新世界的疆界就在這樣的過程中**慢慢確定下來**，但在獨立戰爭當時，美利堅合眾國的邊界是否到達阿帕拉契山脈並不明確，其他內陸地區也並未形成歐洲型的社會。

殖民地時代的南北美洲　十七～十八世紀時

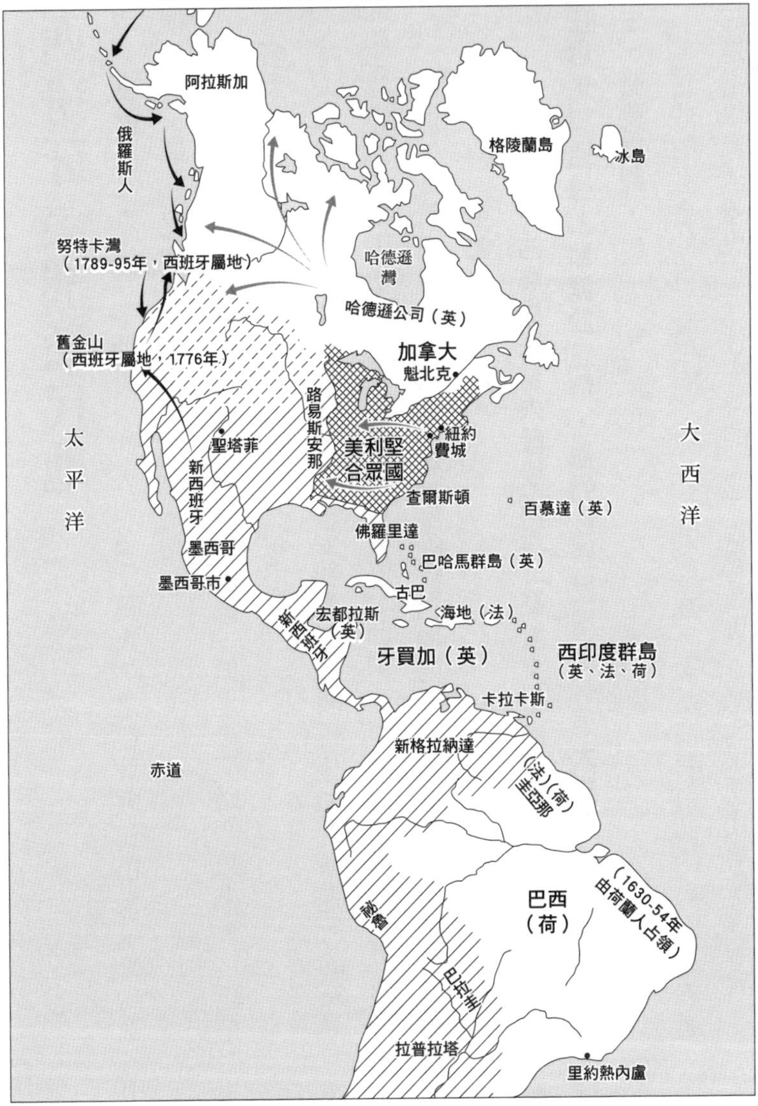

西班牙美洲殖民地

西元一七九三年墨西哥市的人口為十萬人，這比倫敦和巴黎以外的歐洲其他任何一個城市都要多。

十六～十七世紀原住民的人口雖然銳減，但之後又增多起來。可能是對來自舊大陸和非洲的疾病有了抵抗力的關係吧。

人口增加帶動商業的發展，以往全部要透過西班牙加的斯進行的交易（重商主義時代的獨占貿易就是這樣）在一七七四到一七七八年期間獲得放寬。

然而，儘管自然環境比北美的英國殖民地要優越，但西班牙在美洲的殖民地發展遲緩。主要原因有二。

一是**原住民的農民完全未蒙受西班牙高度文化的好處。另一個原因是教會在思想和道德上都流於怠惰，他們在殖民地擁有莫大財產（靠捐獻成為大地主）備受批判。**

這些對教會的批判激起了原住民的反叛，而當沒有信仰的自由主義者（應該是指學過啟蒙思想理性主義的人）攻擊教會，原住民便逐漸獲得解放。

不過，自由主義者看到這樣的狀況也很震驚，菁英階層內心突然籠上嚴重的不安。這樣的狀況為追求利益的冒險商人和政治上的野心家提供了活動的舞台（十九世紀初拉丁美洲諸國獨立，但軍閥在過程中的行動很引人注目。美洲中央地帶小國林立的一個原因即在此）。儘管如此，西班牙統治的西屬美洲如同中國（清朝）一樣，傲視相鄰的國家、民族及文化，直到十八世紀末。

殖民地的落後和早熟

十七世紀末發現金礦，十八世紀的巴西掀起淘金熱潮，人口增加，一般平民的自治範圍擴大，農業等也必然地發展起來。西元一七五〇年的馬德里條約將葡萄牙人長期入侵的西班牙屬地併入巴西，形成城市，一七六三年，**里約熱內盧成了殖民地的主要大城**。

在英國殖民地，仿效英國的社會和文化在波士頓、紐約和費城誕生，但也產生宗教上的對立、不和，進入十八世紀後，宗教上的統一愈來愈無望，這助長了世俗主義的擴大。可是像這種既有宗教的挫敗，也為激情的宗教復興運動開啟了一條路（今日美國內部的基督教保守派勢力那麼強大，就是這種傾向的延長）。

這時期英國殖民地的發展落後於同時代的歐洲。

不過從某些點來看，北美社會又超越了歐洲。其典型就是美國的獨立。**美國是根據「英國人的權利」（在本國歷史上獲得確認的《權利法案》等）而主張獨立，但美國強調「人權」，因此其獨立變得具有普遍性的意義，而非地方性事件。**

美國的獨立憲法帶給了歐洲新的希望。

強國俄羅斯的登場

俄羅斯漸漸進入到建立俄羅斯強權地位的彼得大帝和葉卡捷琳娜二世兩人的治世。

麥克尼爾先生並談到，彼得大帝在軍事上和外交上的努力未竟其功。與瑞典的漫長戰爭（北方戰爭）最後得到的是**芬蘭灣沿岸的一小塊土地。**

不過，他在那裡建設聖彼得堡（俄羅斯誓在必得的不凍港），並以此作為俄羅斯的首都。

但與同時期的鄂圖曼帝國間的戰爭卻沒太大的斬獲，和伊朗（薩法維王朝的波斯帝國）的戰爭勉強將領土擴展到裡海。

不論如何，盡可能地學習、採納西方文明的彼得大帝，其繼任者繼續介入歐洲的戰爭。尤其著名的是在七年戰爭中，帝位從伊莉莎白女皇交棒給彼得三世，使得敗象畢露的普魯士腓特烈二世（大帝）起死回生（彼得三世下令倒戈向普魯士）。

此外，**葉卡捷琳娜二世時代在與鄂圖曼帝國的戰爭中取得決定性的勝利，將領土擴張到聶特斯河，並瓜分波蘭，擴大疆域**。

如此慢慢將領土擴張到烏克蘭的俄羅斯，**製造業發達，商業貿易也盛行**。貴族們主張從歐洲學來的法定權利，西元一七六二年廢除必須為沙皇服務的法律規定。他們都退隱到自己的領地。中央政權**培育了一批官僚取代他們，過去是以土地作為報酬，但這時開始有能力給與適度的薪俸以維持官僚體系**。

貴族們解除了為沙皇服務的義務，但他們底下的農民依舊被課以強制勞動，農民的不滿引起「普加喬夫之亂（一七七三～一七七五年）」。然而這暴動遭到嚴厲鎮壓，農民們轉而以酗酒或向宗教上的異端發洩不滿。壓制農民的貴族們堅信自己所為是為了全民的利益，致力推動農業、商業及行政上的革新。他們對自己正努力讓俄羅斯富強，受到世界各國的尊敬深信不疑。實際上，俄羅斯從葉卡捷琳娜二世再到亞歷山大一世的時代，在戰爭和外交上都確實獲得成果。

Section 25

「對傳統的自信」拖延了改革

亞洲對歐洲舊體制的回應 西元一七〇〇－一八五〇年

是新興的軍事力量抑或真主的恩寵？

鄂圖曼帝國在**西元一六九九年的卡爾洛維茨和約（第二次維也納包圍後的議和）中，將匈牙利絕大部分土地割讓給奧地利**。對相信打勝仗是真主恩寵的伊斯蘭教徒而言，這敗戰令人震驚。

不但如此，十八世紀後半**與俄羅斯的戰爭又繼續落敗，一七七四年簽訂庫**

楚克卡伊納爾吉條約的結果，使俄羅斯開始在巴爾幹半島上擁有很大的影響力。

俄羅斯人是過去受過欽察汗國統治的民族；東正教在鄂圖曼帝國一直得到蘇丹的庇護。也就是說，俄羅斯人和巴爾幹半島的東正教徒一樣，都曾經自認是蘇丹的臣子。

敗給這樣的俄羅斯人是種恥辱。伊朗的薩法維王朝已不存在，一七七四年印度（一七五七年的普拉西戰役以後，蒙兀兒帝國的空殼化急速加劇）伊斯蘭教徒的主權也搖搖欲墜。

在這樣的狀況下，伊斯蘭教徒被迫在「背棄信仰」和「等待真主再度改變歷史的日子到來」之間做選擇。換句話說，**要不學習歐洲的軍事力，要不就是消除伊斯蘭世界的腐敗，挽回真主的恩寵**。然而改革者們的努力相互抵銷，平民被迫陷入更大的動亂中。

跟不上時代的瓦哈比派運動

伊斯蘭世界動盪不安的十八世紀，借助阿拉伯半島有權有勢的伊本・紹德家力量進行改革運動的，是**穆罕默德・伊本・阿布多・瓦哈比**。

他的教義很簡單，即**「回到穆罕默德時代的信仰生活」**（成為伊斯蘭近現代史上原教旨主義的開端）。

十八世紀後半，改革運動在阿拉伯半島全境獲得支持，但十九世紀初敗給了裝備近代化的埃及軍（當時埃及的領導者是穆罕默德・阿里，他看到拿破倫遠征後覺醒，不久便脫離鄂圖曼帝國獨立）。

瓦哈比主義（紹德家和瓦哈比派的關係一直延續至今）**抓住印度和鄂圖曼帝國中虔誠伊斯蘭教徒的心**。

瓦哈比派嚴厲反對遜尼派「機械式地背誦經文即可」的立場。然而儘管如純樸的貝都因人接受了瓦哈比主義，但城市裡的居民深知世界的樣貌複雜萬端，不相信只要遵守瓦哈比派的教義一切就一帆風順。

瓦哈比派未能在伊斯蘭社會中激起活躍的思想活動，反而使人更難擺脫古老的行為模式。

無法改變的鄂圖曼帝國

西元一八五〇年以前，借用歐洲的技術讓伊斯蘭各國復興的嘗試並未取得成果。雖然也做過部分半吊子的改革，但在接連與奧地利和俄羅斯的戰爭中，儘管曾有機會因為一場勝仗而認識到改革的必要性，可是並未出現堅持改革這樣的機運。

要到希臘獨立戰爭（一八二一～一八二九年）及塞爾維亞叛亂（一八〇四～一八一七年）之後才展開正式的改革。但因為發生穆罕默德．阿里（麥克尼爾先生嚴詞批判他是傲慢無禮的叛徒）領導的埃及獨立、新軍的叛變等，改革絲毫沒有進展。

關memo

「正式的改革」指的是雷希特・帕夏主導的「坦澤馬特改革」。一八七六年時完成亞洲首部君主立憲制的「鄂圖曼帝國憲法」，但因俄土戰爭爆發並未實施，蘇丹獨裁體制死灰復燃。

游牧民族與被迫成為英國屬地的印度

蒙兀兒帝國在**奧朗則布皇帝統治下迎來極盛期**，但他的治世中發生印度中部（德干高原）信奉印度教的馬拉塔人，及西北部旁遮普地方的錫克教徒叛亂，加上各地方首領有獨立化的傾向，體制逐漸鬆動。

對此懷有危機感的是歐洲人，而非印度人。**他們雇用印度人當士兵（傭兵），用西方的軍事技術訓練他們。**其優秀很快就為人所知，有權有勢的印度人也聘雇歐洲人組織傭兵軍團。這後來引發歐洲列強的對立。

對立最後演變成英法之戰，英國具有絕對優勢的海軍掌握勝敗的關鍵，並影響到西元一七五六到一七六三年的戰爭（與歐洲的七年戰爭相對應。一七五七年在北印度的普拉西戰役勝敗底定，在南印度也打了一場卡那提克戰爭）。

這個時候，阿富汗人南下印度，與馬拉塔同盟（印度中部的印度教勢力）軍在帕尼帕特一戰，獲得勝利。從此以後，**印度的地方勢力受到南下的阿富汗人和北上的英國人兩面夾擊，愈來愈多的印度人選擇與英國人結盟，地方的首領漸漸服從英國的統治**。

普拉西戰役（一七五七年）後，東印度公司（獲得孟加拉等地的徵稅權）將印度一部分地區納入直接管轄。具體上是透過設於土邦內的英國總督代理人之手執行。除非必要，他們不會輕易撤換土邦的首領。

倫敦東印度公司的第一要務是盡可能用最低的成本從印度挖掘更多的利益，對所費不貲的戰爭，和會破壞印度社會傳統的傳教活動並不熱中。

公司多數幹部都認為，單靠一小撮英國人要統治整個印度，唯有這個方法。而且只要稱得上獨立的土邦還在就沒問題，但十九世紀初英國在馬拉塔戰爭中獲勝，（蒙兀兒）帝國內已沒有能與之對抗的勢力，這時來自英國本土對傳教的要求增強，帝國內的印度教徒之間也出現要求法律改革等的聲浪。

伊斯蘭教徒儘管導致英國人入侵印度，但仍希望維持現狀。

伊朗和突厥斯坦的動態

薩法維王朝垮台後，十八世紀初雖然出現如伊朗的**納迪爾沙**（奪回被鄂圖曼帝國和俄羅斯侵占的領土，入侵印度，建立阿夫沙爾王朝），和阿富汗的**杜蘭尼**（納迪爾沙遭暗殺後的混亂中，在阿富汗創建杜蘭尼王朝。此王朝一直維持到一九七三年）那樣的英雄，但他們在遠征途中必定會遇上受過歐式訓練和裝備的軍隊。

當然他們本身也開始擁有槍砲和彈藥，但這些武器的供應方巧妙地利用武器援助扶植敵對勢力，甚至將強者拉下馬來。

伊朗和突厥斯坦的政權興亡，**漸漸開始受到來自俄羅斯和英國的支援或攻擊左右**。想必沒有一個伊斯蘭教徒樂於見到曾經心高氣傲的伊斯蘭帝國落魄的慘況，但既不曾出現能夠救亡圖存的思想覺醒和文化復興，歐洲的機械製品又逐漸導致傳統的工匠社會瓦解。

印度教的改革

進入十九世紀後，印度教徒與英國人雙方開始擴大交流。除了東印度公司，英國人另外設立基督教的教會學校，傳教士中也出現將西方語言翻譯成印度方言加以介紹的人。

這些翻譯為印度人開了一扇窗，讓他們認識西方文化的一個面向。不過，印度教徒的防護牆和伊斯蘭教同樣堅固。

雖然沒有印度人改信基督教，但傳教士開啟的這扇西方文明的知識之窗對一部分印度人帶來刺激。

這方面的先驅性人物**莫罕・羅伊研究基督教和伊斯蘭教，確信世界上所有宗教皆提倡倫理的一位論**。羅伊一派相信印度教的哲學家揭露了這個真理。

不過對早期印度經典的研究，卻引發意想不到的逆轉現象。當時印度教的習俗與《吠陀》相距甚遠。於是展開禁止當時成為一大問題的娑提（寡婦殉死）習俗的運動，並在西元一八二九年頒布法令予以禁止。六年後，設立用英語學習的印度人學校。一部分印度教徒固然熱心於改革，但大多數印度教徒仍然是被動的。

巴爾幹半島基督徒的改變

巴爾幹半島的基督徒也樂見鄂圖曼帝國的衰退。

不過，他們之中有人靠融資等獲利，這些人並不願意見到帝國走向衰亡。換句話說，城市居民暗自盼望著世俗版的西方文明，也就是期待啟蒙思想能帶來改變。

喜愛伏爾泰和盧梭的人對尼西亞信條（東正教的根本教理）等毫不關心。理解市民自由和天賦人權的巴爾幹基督徒，渴望建立自己的國家以取代鄂圖曼帝國是非常自然的事。

塞爾維亞（一八〇三～一八一五年）和希臘（一八二一～一八三〇年）的革命成為這些國家融入西方社會的第一步。

基督教傳播在中國的失敗

不同於鄂圖曼帝國和印度，十八世紀中國的儒家世界一直很安定，但一七七五年（前一年山東省暴發白蓮教之亂）之後和平與安定開始動搖。當列強紛紛侵入時，中國的抵抗已軟弱無力。

中國人對傳教士們帶來的技術和知識已失去興趣。原因之一是，傳教士間發生的禮儀之爭（耶穌會容許孔子崇拜，教宗則視耶穌會為異端）導致一般人對歐洲人的信任下滑。

傳教士在中國的活動變成非法，基督教不再受到高官和受過教育的人歡迎，成為平民之間的祕密結社。

鴉片導致屈辱的開國

如先前提到的，西元一七七五年以後中國開始顯現衰退的徵兆。

長期以來一直是由廣東的特許商人團體（公行）和英國的東印度公司進行貿易，一八三四年（內皮爾來交涉自由貿易）英國廢止壟斷形態的貿易，並試圖將歐洲任何一個港口進行的貿易方式引進廣東。

中國人對此表示反對。因為這個時候英國人運往中國的鴉片量增加，中國政府一禁止，便開始透過走私和賄賂非法帶進中國國內。

一八三九年，中國政府派遣特使（欽差大臣林則徐）來到廣東，採用強硬手段打擊這些不法活動。在這樣的情況下發生英國水手殺害當地人的事件，於是以此為導火線引爆「鴉片戰爭」。戰鬥在中國人見識到英國砲艦無與倫比的破壞力之後落幕。廣東另外增開四個港口，並同意英國在各個港口設立領事館。西方其他各國也跟進提出同樣要求，並進一步取得該國人在中國國內的「治外法權」。中國受到嚴重侮辱，但也沒有辦法趕走外國人。

日本的社會緊張

中國軍隊在中亞擴張領土之時，日本實行鎖國政策，而且並未因為人口增加出現土地細分的狀況，一直享受著和平。

不過在西元一七〇〇到一八五〇年之間也面臨新的問題。由於不再有戰爭，武士階級的生活開始流於奢侈靡爛，進而背負沉重的債務。

政治權力和經濟力量的所在開始不一致，**日本文化**反映這矛盾，**也出現武士世界的簡約樣式，與藝妓和暴發戶追求感官逸樂的城市世界並存**的現象。兩者的隔閡愈來愈小，武家和商家的接近讓武家重振勢力，同時提升商家的地位。

此外，藝術家利用中國、西方、日本傳統元素所做的實驗，模糊了原本藝術風格的界線，使其融合為一。

重要的是，開始有人在幕府定為官學的程朱理學之外，學習荷蘭人帶進來的知識。一些學者基於陽明學和愛國思想，開始公開提出「假使如程朱理學所言『服從長上是至高的德行』，那麼將軍和天皇的關係究竟為何？」的疑問。

也有人捨棄程朱理學，轉而學習古代神道。

像這種知識上的異端匯流之後，出現互相支持的傾向。

西歐的學問之所以受到重視，是因為它能彌補程朱理學的缺點。而匯流成的地下水脈為邊陲地帶的「外樣大名（即非將軍家出身的旁系諸侯）」所接受，所以當幕府在一八五四年放棄鎖國政策時，日本已有一群人一直在腦中擘畫著自己國家應當採取的新政策。

工業革命和民主革命對世界的影響非常巨大。前者始於技術改良，但不久便促成科學理論大幅成長。後者推翻古老的特權階級，釋放市民的能量。政府和人民的關係變得緊密，西方各工業國家的財富和力量變得更為強大。這些國家凌駕後進世界，但第一次和第二次世界大戰為世界史製造出新的狀況。俄羅斯成立社會主義政權、亞洲各國崛起等，我們將綜合性地考察歷史逐漸進入新時代的情形。

第IV部
世界主義的誕生與展開

Section 26

漫長的十九世紀～近代國家的誕生和發展

「規模的擴大」推動了工業革命

英國的工業革命在紡織業（哈格里夫斯和阿克萊特發明的紡織機、卡特萊特發明的力織機等）中展開，瓦特的蒸汽機被當作動力來源後，使得大工廠制度有可能實現。

到了十九世紀，既有製造業部門的技術革新擴大，開始產生新的產業和製品。

工業革命有兩個階段。

首先，**西元一八七〇年以前是第一個階段，這時期的主角是依常識和傳統技能進行發明的技師和企業家**。當時是煤炭與蒸汽機的時代，人們活用這些技術改良了鐵路運輸和遠洋航運的船舶。

最早將理論結合實務的是**德國**。**德國的大學和高等教育有著顯著發展，且自古以來一直維持著工匠的傳統**。實際上，**第一次世界大戰展開時，德國在工業用化學製品和電力產業領先世界**。

這時重要的是，**只要有某樣新製品出現，新的產業便同時誕生**。比如汽車產業為橡膠工業帶來重大變革。

隨著產業的增殖，製造工程也發生由手工業轉入機器生產的根本性轉變，這**導致了生產機器和最終製品的規格化**，並意謂著**勞動的標準化**。

也就是說，機器和工人必須各自以恰當的速度執行被交付的工作。

不僅如此，一定要集合大量的資本、原料和勞動力才有辦法大量生產。然後將**「工廠」**生產出的製品運送到世界各地。

工業革命最重要且最大的特徵就是規模擴大。動力、原料、製品、運輸、販賣、消費者等所有面向，規模都擴大。

「聯絡、運輸、傳播」的發達支撐著大量生產

陸上運輸系統最早是從道路和運河的整備開始，其中發揮最大作用的是鐵路。

從西元一八四〇年代（英國曼徹斯特和利物浦間的鐵路一八三〇年開始營運）開始建設，一八五〇到一八六〇年代達到顛峰，到第一次世界大戰為止吸引了大量的資本。一九〇三年西伯利亞鐵路建造完成（隔年日俄戰爭爆發）。不過，一九一四年時已動工的巴格達鐵路最後並未完成……。

陸上長途運輸成為可能後，偏僻的煤礦產地也進入大規模開採。

在海上運輸方面，**一八〇七年富爾頓建造了蒸汽船**。蒸汽船需要使用大量的煤，在長距離的遠洋運輸上輸給帆船。

直到一八七〇年代，**鍋爐經過改良**，船體也改成鋼鐵製造，才漸漸被用於**越洋運輸的定期航班**。

這使得澳洲、阿根廷、北美等**廣闊沃野上生產的穀物（新的農業機械被製造出來，導入農業生產）流入歐洲**。一八六九年蘇彝士運河、一九一四年巴拿馬運河開通，人類居住的世界為之一變。不過，航空運輸在第一次世界大戰前仍處於想像的階段。

通訊手段也很發達。一八四〇年，英國成立堪稱近代郵政制度鼻祖的**一便士郵資制，一八七五年並簽定國際郵政協定**。**一八三七年（有線）電報問世**，迅速將許多城市串連起來。

一八六六年鋪設橫跨大西洋的海底電纜，一八九五年馬可尼進行無線電報的實用化。在通訊技術發達導致資訊量增加的背景下，一八五〇年出現了大量發行的**報紙**。透過報紙發表出來的輿論逐漸變成政治家不可或缺、有利的工具。

工業革命帶來的影響

就結果而言，工業革命為**人類提升了衛生、健康、舒適這類的水準**。不過在初期階段產生非常多的社會問題。這成為馬克思認為無產階級會在富裕中愈來愈貧窮的思想基礎。

自西元一七八九年暴民攻占巴士底監獄以來，對城市的貧民階層來說，革命式的暴力是種有效的力量。然而，一八四八到一八四九年在各地發生的群眾暴動全數失敗。

不過在那之後，**城市中工業社會的醜惡和痛苦獲得適當地控制和改善。用以穩定城市公共秩序的警察制度建立，下水道系統、垃圾收集、公園、醫院、健康保險、災害保險，以及公立學校、工會、孤兒院、養護設施、監獄等人道、慈善的事業也紛紛成立，為救助貧病和不幸民眾採取了許多措施。因此，在高度工業化的國家，革命的情緒逐漸消褪。**

但另一方面，仍然有一些像俄羅斯那樣處於工業化邊陲的地帶。沙皇底下的官僚機關對於工業化社會的需求反應極為冷淡。

（間隔有點遠的）**工業革命的第二個特徵是人口加速成長**。一八○○年歐洲的總人口為一億八千七百萬人，但一九○○年時成長為四倍。

這期間還有將近六千萬人移居海外，並有不計其數的人翻越烏拉山脈，遷移到西伯利亞和中亞地區。像這樣的人口成長，究其原因在於醫療和衛生制度的改善，及糧食供給增加。

第一次世界大戰以前，英國的農村人口過半數出走到城市，因此求職的狀況熱絡。那裡開始追求新的生活方式。

人類從單純的獵食者轉變為新石器時代的糧食生產者時，也經歷過同樣的改變過程。

「金錢」和「政治理念」的變化引人走向革命

麥克尼爾先生非常努力地在解說工業革命和民主革命（法國革命為其典型）。相當具體且長篇幅，但我對麥克尼爾先生把美國獨立革命中奮起的民眾描述成「反叛者」（其他地方也有出現蠻族或未開化民族等的描述）這點感到不妥。這一類的用詞我都會依照慣例改寫，我們繼續看下去。

「政府的正當權力來自於被統治者的同意，也只有這項根據」，這樣的政治原則在西元一七七六年經由對抗英國本土的美國人而盛傳全世界，進而成為研擬合眾國憲法時的指導理念。

而且這思想強烈打動了歐洲各國，尤其英國的議會自一六八八年（光榮革命）以來已成了反映少數地主階級利害的場域。

這猛烈的刺激在法國引爆了打倒君主專政的革命。

雖名為君主專政，但實際上持續阻撓改革的是官僚體系。**路易十六的法國政府**雖然在一七七八到一七八三年間支援美國革命，讓英國大吃一驚，但也**迫**

使政府（財政）陷入絕望之境。

他**為了擴大稅收，決定恢復召開全國的三級會議（法國的身分制議會，一六一五年以後便停止召開）**。一七八九年五月五日召開時，出席者（第一級身分為神職人員，第二級為貴族，其他全歸為第三級）之間要求在解決課稅問題前先進行三級會議等改革（不依身分別表決，改為全體大會共同表決）的聲浪增強，結果該次會議在未能解決課稅問題的情況下落幕。不滿此結果的議員（主要是第三級身分的平民，和部分開明派的神職人員和貴族）聚集起來組織「國民議會」，著手制定憲法。

對這樣的舉動抱有危機感的國王打算動用軍隊，一直在觀望的巴黎民眾於是攻擊巴士底監獄。

使經濟和社會混亂至極的革命時代

對此情勢感到慌亂的國民議會於八月宣布廢止封建式特權。

關memo

這裡我感到奇怪的是，麥克尼爾先生並未寫到「人權宣言即是人類和公民的權利宣言」。其用意何在？按理說，那正是法國革命追求的理想，也是近代公民社會的基本原則……。

憲法制定作業遲遲未有進展（面對十月發生的巴黎婦女「給我麵包」運動，國王夫婦被迫從凡爾賽遷回巴黎，再遷到杜樂麗宮）。國民議會為應付急待解決的經濟狀況，以沒收的教會財產和亡命貴族的土地作為擔保，**發行指券紙幣**。不過這**只助長了通貨膨脹的傾向，經濟上持續混亂**。

另一方面「改革」仍舊在進行，一七九〇年制定出以法律規範教會地位的「神職人員民事基本法」等，但一七九一年初，扮演議會和國王的中間人的米拉波去世，情勢出現巨大轉變（麥克尼爾先生對這部分的描寫有些隨意，我會

一邊介紹一邊對史實做最小限度的補充）。

感到不安的國王夫婦決意逃往奧地利，但沒有成功（瓦雷納出逃事件。對此抱有危機感的奧地利和普魯士發表「皮爾尼茨宣言」，牽制革命）。

此舉辜負了法國人民對國王的信任，穩健派因而害怕激進派勢力抬頭。**九月，法國首部「憲法」（規定立憲君主制，同意國王擁有否絕國會決議等廣泛的權力）施行，國民議會解散，立法議會成立。**

關memo

謹供參考。在立法議會中坐在右翼的是支持立憲君主制、作風穩健的斐揚派，坐在左翼的是主張共和制、作風激進的雅各賓派，兩者之間還有占多數的中間派（平原派）。雅各賓派中尤其激進的羅伯斯比等人坐在左翼的上層，因而被稱為山嶽派（Montagne）。此外，雅各賓派中許多人為吉倫特省出身，穩健派脫離雅各賓派後便結成吉倫特派。了解這層關係後應該會比較容易理解情勢的發展。

在來自國外的危機（「皮爾尼茨宣言」等）中，斐揚派和雅各賓派對戰爭態度謹慎，但吉倫特派為求打開局面，主張開戰，而國王也抱著推翻革命政府的期待，站在開戰的立場。一七九二年四月，法國與普魯士和奧地利的戰爭開打，法軍首戰便敗退。斐揚派取代吉倫特派成立內閣，召募義勇軍以化解祖國的危機。

在這種情況下，巴黎市民面對普魯士將軍發出的恫喝，於八月十日攻擊杜樂麗宮，正式宣布停止國王的權力。

這時成立新的國民公會（第一共和制），九月法軍在瓦爾密戰役中初次獲勝，革命戰爭來到反攻的階段。

只剩下共和派的國民公會中，吉倫特派和雅各賓派（也包括山嶽派）的對立加劇，中間派在兩者間擺盪。一七九三年國王路易十六被處死，吉倫特派也接著被逐出議會，於是在雅各賓派專政下，展開對反革命派的恐怖統治（省略不談雅各賓派獨裁下的各項政策，只提斷頭台被充分利用一事……）。

在人民對恐怖統治的反感、獲得土地的農民轉趨保守，和利用徵召方式組織起來的國民軍排除各國干涉之中，雅各賓派的暴力統治漸漸失去正當性。一七九四年七月，以羅伯斯比為中心的雅各賓派體制垮台（熱月政變）。**穩**

健派在國民公會中掌握權力，隔年一七九五年，依據新的憲法（共和曆三年憲法）產生督政府。

奔向「獨裁」的拿破崙世紀

法國革命到此可說告一段落，但**各國因國王被處死而出手干預（第一次反法同盟）的情況並未停止，督政府對此可說處於無力的狀態**。

拿破崙・波拿巴便在這樣的局勢中登場，倚仗著在對外戰爭中獲勝的輝煌戰績，西元一七九九年發動政變推翻督政府，成立執政府。

一八〇四年拿破崙就任皇帝。制定「法蘭西民法典（拿破崙法典）」。

他將革命領袖們揭示的普遍性原則轉化成日常的法律實踐，**保障契約自由、結婚及離婚的自由等等，誠然符合「革命之子」的評價**。這樣的精神漸漸對被他征服的諸國造成影響。

法國以外地區的革命

拿破崙垮台後革命的影響仍未褪去，出席維也納會議的各國代表也逃不過它的影響。因為能夠打敗拿破崙的唯一理由就是各國君主仿效拿破崙鼓動自己國民的愛國精神。

當時的歐洲依然存在渴望自由和革命的風潮，主要活躍於中產階級。在法國，經過兩次革命（七月革命和二月革命）後，既有的體制已瓦解。第二共和成立，拿破崙．波拿巴的侄子路易．拿破崙經過政變，再透過國民投票掌握權力（第二帝政）。

英國雖然避免了革命，但**西元一八三二到一八八四年為止的五次選舉法修正，實現幾乎所有男性都擁有選舉權的「改革」**。

俄羅斯自一八四八年以來一直扮演維持中歐現狀的重要角色，但一八五三年犯下大錯向土耳其宣戰時，英、法兩國也參戰，在克里米亞半島擊敗俄羅斯（克里米亞戰爭）。

這場戰爭意外暴露了俄羅斯的孱弱。**義大利的加里波底和普魯士的俾斯麥**

利用這個大好良機，各自以薩丁尼亞王國和普魯士王國為主體，實現義大利和日耳曼的統一。

奧地利的哈布斯堡家族認為**一個多民族國家要在民族主義和自由主義間折衷是不可能的**。儘管如此，歐洲主要國家在一九一四年時都已建立起某種形式的代議制議會，即便俄羅斯也不例外。各國政府皆試圖與報紙所產出的輿論建立有效的合作關係。

既得權益蠢動的時代

西元一七八九年時被認為魯莽且不切實際的夢想，表面上應可算是實現了吧？

不過實際上，**自由主義和民主主義的原則一直被稀釋。尤其是在中歐和東歐（俄羅斯、奧地利、德意志），官僚由上而下的控制力要比花瓶式的議會主義強大得多。**

社會的變遷是政府作為下的副產品（例如，一八六一年俄羅斯廢止農奴制。普奧戰爭後的一八六七年，匈牙利的自治權擴大）。

本應更自由的西方，事實上也有許多如**法人、壟斷聯盟、工會這樣的特殊利益團體一直在妨礙人民主權**。這與法國革命前夕眾多既得利益團體阻礙法王行使權力的情形如出一轍。

喚起十九世紀初革命的原動力已漸次消失。民主主義的理想和權力的現實在反覆摩擦中逐漸失去稜角，彼此愈來愈靠近。**特權階級正如俾斯麥一般，學習到在幕後操控民主政治以擴大權力的方法。**

到了十九世紀後半，革命的熱情從自由主義轉向社會主義。

一八四八年，馬克思和恩格斯在「共產黨宣言」中提出革命的無產階將掌握權力，並實現自由和平等的想法。

不過，國際共產主義運動的初期階段始終爭論不休。

根據計畫變革的社會與民主政治

法國革命和其自由主義的繼承者揭示出兩件事。

一是**政府是由人建立的（主權在民和社會契約），或多或少可以依照計畫予以變更、操縱，這使得法國革命以前「神授與特定人物支配人類的權限」的想法（君權神授說）失去說服力**。面對急速工業化社會創造出的各種需求，也開始能夠快速而有效地回應。

第二是，**法國革命後的數十年間歐洲各國的發展，顯示只要該國政府的領導人能贏得大多數國民的支持，就能獲得比過去更大的權力**。最好的例子就是**徵兵制**，此外政府也有更大的權力處理稅收問題。

民主革命導致政治彈性增加和權限的擴大，因此是工業革命的孿生兄弟，兩者的結合讓西方的生活方式遠遠超越了其他的文明。

思想與文化的革命

不只是物質的優越和政治組織，十九世紀到二十世紀西方的科學和藝術就深度、力量和精致度，也達到無與倫比的境界。西元一七八九年到一九一四年為止的文化活動，以美術和文學最引人注目。**在這個部分，麥克尼爾先生表示其多樣性無法輕易概括而論，只以浪漫主義和民族主義結合，各個國家發展出特有的文學風格作結。**

但另一方面，**科學則是國際的、開放的**，同時有兩種互不相容的觀點存在於這個世界。在第一次世界大戰前夕，兩種觀點互相矛盾的問題漸漸浮現，使人們察覺到兩者皆有其缺點和局限（麥克尼爾先生舉牛頓的世界觀和愛因斯坦的學說，詳細解說）。

藝術的革命

第一次世界大戰前夕的不安也對藝術界造成影響。**一些在巴黎的藝術家捨棄透視法的原理，將視覺捕捉到的影像拆解得支離破碎，再以只能隱約聯想到眼中所見現實的形態，創造出一種式樣，暗示某種心情。畢卡索和布拉克**等人反對利用繪畫表現與藝術無關，或超過藝術範疇的事物。

文學因使用語言的關係不如繪畫那樣普及，也不急於捨棄形式。但俄羅斯的、希臘的傳統，與西方的思考方式和感性，依然促使**杜斯妥也夫斯基**、**托爾斯泰和契訶夫**等人創造出個人獨特的精神宇宙。十九世紀俄羅斯文學的特性，使得不少作品依然能打動二十世紀同樣處境下的人們。

而在俄羅斯以外的西方國家，文藝復興時代以來的思想和感性孕育出豐富的文學作品，但都不脫其熟悉的風格。

Section 27

傳統文化與近代精神的對決

緊抱大樹不放的中國與向西歐學習的日本

在工業革命和民主革命推動歐洲轉變的過程中，外交官、軍人、商人和傳教士在軍事、經濟、文化方面握有的權力也愈來愈大。

其轉捩點出現在西元一八五九到一八六〇年之間，亞洲各個文明無不領悟到，靠以往的做法已阻止不了西方的入侵。

明白顯示出防禦不了西方入侵的最大事件就是**太平天國之亂**。太平天國的領導者（洪秀全）雖然受到基督教的影響，但宗教色彩隨著時間逐漸消褪。連西方列強也反過來協助鎮壓，這使得清朝政府體認到不得不更加倚賴西方的新式軍備。結果是讓外交官、商人、傳教士有更多大展身手的機會。

在這樣的情況下，要求外國人朝貢變得徒具形式沒有意義；鴉片戰爭後開啟的港口，西方國家的商人蜂擁而至。在中國官僚看來，他們的態度不論道德上和政治上都很低劣，中國人不願捨棄儒家的傳統，在二十世紀之前面對西方列強始終軟弱無力。

不是因為中國國力虛弱，而是頑固守舊的結果。

日本看到中國的情況後，於一八五四年放棄一六三九年以來的鎖國政策。**對德川幕府的懦弱不滿的反對勢力擁戴天皇，一八六八年斷然發動政變，實現王政復古**。日本學習西方列強強大起來的理由，為保衛國家免受列強入侵，引進西方的知識和技術。

走上衰退一途的伊斯蘭勢力

鄂圖曼、波斯、蒙兀兒三大伊斯蘭帝國顯得格外無力。

鄂圖曼帝國獲得英國和法國的援助，在克里米亞戰爭中打敗俄羅斯，但這代價比在此之前輸給俄羅斯所失去的還要多。

克里米亞戰爭期間和戰後，鄂圖曼帝國的蘇丹「必須接受」西方外交官的指導，引進西方式的改革（名為坦澤馬特改革，從一八三〇年代開始）。

以蘇丹為首的伊斯蘭教徒對於這種有利於帝國內的基督徒違反伊斯蘭教教義的改革，只能在口頭上抱怨。蘇丹深知「歐洲列強的支持」攸關帝國的存亡。西元一八七〇年以前是英國扮演這樣的角色，之後到一八九〇年則換成德國。

一個國家若沒有來自外部的支援會是什麼下場？蒙兀兒帝國即是明證。

一八五七年，鄂圖曼帝國擊敗俄羅斯的消息一傳出，東印度公司的印度人傭兵（sepoy，有伊斯蘭教徒也有印度教徒）立刻發動反英國人統治的叛亂（反英大叛亂）。

雖然短期內展現成功將英國人驅逐海外的氣勢，但欠缺明確的政治目標，也未動員到一般大眾，英國於是從本土派遣援軍，鎮壓叛亂。英國議會下令**解散長期控制印度的東印度公司，將印度置於本國的直接統治下**。蒙兀兒帝國至此滅亡，而反抗英國的主要勢力也不再是伊斯蘭教徒，變成印度教徒（一八七七年印度帝國成立，維多莉亞女王成為印度帝國的皇帝）。

伊朗（十九世紀中葉是卡扎爾王朝）和阿富汗的伊斯蘭教徒也面臨同樣的情況，俄羅斯和英國圖謀擴大勢力，伊、阿淪為兩大國的傀儡，陷入無法生存的狀態。

被西方的優越逐漸瓦解的伊斯蘭力量

十九世紀伊斯蘭教領導人面臨的兩難問題是，在宗教上十分純粹的伊斯蘭教要如何與世俗主義維持關係。

伊斯蘭教徒堅信真主（神）統治世界，假使要改變，唯有朝初期伊斯蘭教嚴格的禁欲主義，也就是更嚴格遵守可蘭經戒律的方向改變。

在這樣的流變中，**蘇丹阿卜杜勒・哈米德二世在西元一八七八年（前一年在俄土戰爭中敗北後，將坦澤馬特改革束之高閣）讓專制統治死灰復燃，直到一九〇八年（青年土耳其革命，恢復被束之高閣的憲法）為止**。

不過，這樣的做法失敗了。因為學習西方技術的青年軍官渴望積極參與政治。結果，阿卜杜勒・哈米德二世垮台，更進一步在一九一二年起接連兩次的巴爾幹戰爭和第一次世界大戰中失去幾近全部的巴爾幹領土。**第一次世界大戰結束後，鄂圖曼帝國的領土遭戰勝國瓜分。**

菲律賓南部、印尼和中亞的伊斯蘭勢力分別被迫屈辱地從屬於美國、荷蘭和俄羅斯，勉勉強強獨立的伊斯蘭國家只剩下阿富汗、伊朗、鄂圖曼帝國。

十九世紀中葉以後的伊斯蘭世界

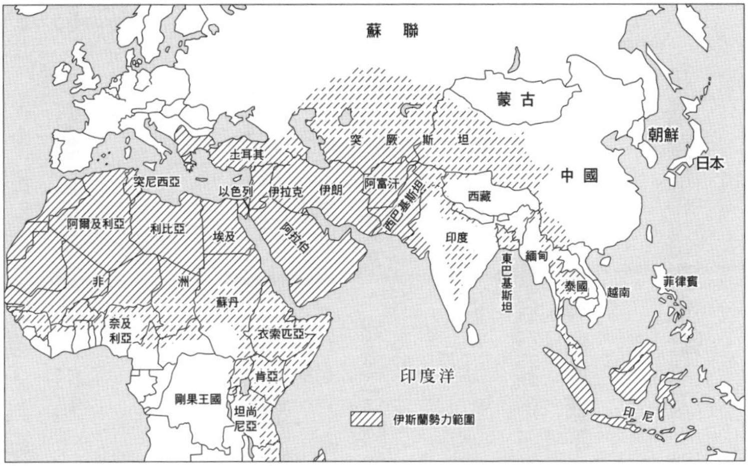

第一次世界大戰後，鄂圖曼帝國拒簽和平條約，並迫使更改色佛爾條約（洛桑條約），挽回一部分失土。**此時的領導人凱末爾・阿塔圖克廢除蘇丹制，建立土耳其共和國（也廢止哈里發制），以世俗國家為目標邁進。**

他做了一些如廢除女性的罩紗等伊斯蘭習俗（廢止阿拉伯文字，改用拉丁字母）之類的改革。**他的改革確實培養出人民心中的民族主義感，但另一方面，社會上依然存在著對伊斯蘭教的依戀。不過在扶植近代工業上幾乎毫無所成（這也是現代多數伊斯蘭國家存在的問題）。**

這樣的困境**在伊朗和沙烏地阿拉伯更為嚴重**。在伊朗，推翻卡扎爾王朝、建立巴勒維王朝的**禮薩・巴勒維，其施政方針**與凱末爾帕夏相似。但**因國王的權力脆弱，伊斯蘭信仰又更強大的關係，近代化遲遲沒有進展**，阿富汗也出現同樣的情況。

用世俗主義對抗西方的伊斯蘭新興國家

伊拉克、敘利亞、巴勒斯坦的居民儘管稍有躊躇，最後還是屈服於西方。

但與此同時，**伊本・紹德在阿拉伯半島上建立了沙烏地阿拉伯（一九三二年）**。

紹德家族自十九世紀以來一直信奉瓦哈比派，但伊本・紹德並不實現瓦哈比派的理念，而**整備自己統治下各個城市間的道路等，鞏固紹德家的中央集權體制。埋藏在阿拉伯半島地底下的石油帶來的龐大利益使他消滅了瓦哈比派的理念。**

伊斯蘭的世俗主義在埃及、敘利亞和伊拉克亦急速擴大。

第一次世界大戰後，世俗化運動以對抗將中東一分為二的英法兩國的獨立運動形式出現，西元一九三二年伊拉克在形式上達成獨立。不過要到第二次世界大戰後阿拉伯才算真正的獨立。

一八五〇年到一九四五年期間，伊斯蘭世界的人們不論在政治上或經濟上都未能改變現狀。人們將西方的技術和知識中蘊含的思想，與伊斯蘭教的原理和觀念區隔開來。因此在這段期間，伊斯蘭世界沒有出現任何揚名世界的人物。在經濟方面也是，近代式工業無法在伊斯蘭世界扎根，新的事業和技術改良全由外國人主導。

但儘管如此，穆罕默德的信仰在伊斯蘭社會依舊是活生生的信仰，即使是極度西化的信徒依然遵守其宗教儀禮。也就是說，改信伊斯蘭教的情況依舊持續出現在二十世紀的中非和西非。

巴爾幹半島上獨立的基督教國家

第一次世界大戰前後（一九一二～一九一九年），**保加利亞人、塞爾維亞人、希臘人合力將鄂圖曼帝國驅逐出巴爾幹半島（除了伊斯坦堡及其周邊之外），巴爾幹半島的基督徒恢復獨立**。

不過，自西元一八〇三年塞爾維亞人起義以來，發生一連串叛亂和外交危機。不僅擄獲城市居民也擄獲農民的心的民族主義，充滿敵意且製造對立，使得巴爾幹半島逐漸淪為政治戰場（巴爾幹半島上除了對抗鄂圖曼帝國的民族主義之外，還有以克羅埃西亞、塞爾維亞、保加利亞為首的南斯拉夫人之間的民族主義對立，使情況更為複雜）。

東正教徒不認為東方教會的教義和西方的現代化之間存在矛盾。因此，十九世紀起到二十世紀間成立的民族主義政府一直認真地追求經濟和社會的發展。並且**很快地體認到為擁有國力和安全，必須建設兵工廠，整備通到國界的交通網**。這類努力要到第二次世界大戰後才實現，巴爾幹半島的社會被**徹底融入西方世界**。

一點一滴滲透印度的英式殖民政策

印度的印度教徒與西方的關係不同於巴爾幹半島。

英國鎮壓了西元一八五七年的大叛亂之後，建設串連印度次大陸的鐵路網，引進新式教育制度。

學校裡教授與英國本土同樣的學科，高等教育則用英語授課。大多數印度人都無法進入這樣的學校就讀，但**仍然形成一群人數雖少卻擁有影響力的英國化的印度人集團。他們起初是輔佐英國人的官吏，不久便繼承其權力。就這樣，印度在和平中迅速地往西方文明傾斜。**

經濟面則由帕西人（瑣羅亞斯德教徒）、希臘人和英國人擔綱，沒有半個印度教徒投資新的產業。

他們將積蓄投入購買舊式的金融和土地。不過，兩次大戰中，來自英國的供給線被切斷，印度因而亟需找出新的必需品供應來源，在戰爭狀態下，私人與國營企業的界線逐漸消失，於是在一九四七年（獨立之年），半社會主義式的經濟政體就在戰時緊急措施之下被建立起來。

在政治方面，一八八五年印度國民大會黨組成時，已有一定數量的印度人曾在英國式大學和學校受過教育。

這些人支持印度國民大會黨，極力宣揚印度自治。

新舊的結合促成印度獨立

當中的**領袖甘地**擁有律師的精明和訴諸印度宗教傳統的力量。尤其是他運用非暴力主義所領導的不服從運動（一九一九～一九二二年、一九三〇～一九三四年）吸引了數百萬的城市居民和農民參加。

甘地出身屬於種姓較高階層的吠舍，但他仍然嘗試打破對低階層種姓的身分歧視。不過他在這方面，就不如不服從運動那樣地成功。

甘地同時具備傳統印度領導人的獨特模式，和利用現代媒體影響英國人的政策和心理的能力。

新與舊巧妙的結合，帶領印度走向獨立。

伊斯蘭教徒對於甘地讓印度教徒集結在國民大會黨之下開始感到威脅，擔

心會成為少數的宗教團體。當穆斯林聯盟（一九〇五年成立）在一九四〇年提出巴基斯坦建國的目標時，大多數伊斯蘭教徒都贊同。結果導致伊斯蘭教徒和印度教徒這兩大民族主義集團反覆不斷地暴力衝突。

甘地的做法激起伊斯蘭教徒的民族運動，一九四七年印度分裂，巴基斯坦實現獨立。

兵不血刃建立起的「中華民國」

西元一八六〇年，英法兩國為報復中國政府監禁自己的外交官而包圍北京。

這之後，俄羅斯建設海參崴，法國征服中南半島三國（一八八五年），英國征服緬甸（一八八六年），中國的朝貢國接二連三被搶走。

連關稅管轄權（關稅自主權）等也被剝奪，中國步上喪失主權的道路。

對中國來說最感屈辱的是因朝鮮問題而敗給日本（一八九四年）。

保守的清朝官員對此也大受震撼。但由於歐洲列強和日本從中國要到種種利權，中國致力改革的努力也不見成效。一八九八年皇帝嘗試推動的激進改革（戊戌變法）也因滿人官僚的抵抗無疾而終。

革命的民族主義理念因此更添動能。極端排外的祕密組織「義和團」接二連三攻擊傳教士及其他外國人。列強組成聯軍，一九〇〇年占領北京。

接連的戰敗更進一步貶低清朝的威信，一九一一年革命（辛亥革命）爆發後，清朝的支持者蕩然無存，「中華民國」幾乎兵不血刃地誕生。

不過，對於由誰領導新政府並沒有具體的共識，第一次世界大戰開打後，局勢更加混亂。一九二二年召開的華盛頓會議上，在新的勢力均衡被寫入條約（凡爾賽條約制定了歐洲的秩序）的同時，中國國內則因軍閥抗爭，導致中央政府的統治名存實亡。

中國歷代王朝因農民的不滿擴大，揭竿而起導致滅亡的情節一再上演。但二十世紀卻走上不同的方向，知識分子漸漸開始關注新思潮。

一九〇五年科舉被廢以後，中國的領導人們開始冷落儒家，原該學習古代經典的學生一窩蜂湧進西式學校。

這情況使中國的思想文化陷入混亂。**孫文**即是其中的代表。他的思想中混雜了道德性訓戒、社會烏托邦主義和民族主義。

孫文創立了國民黨，後來漸漸鍾煉成有紀律、有思想體系並擁有軍事力量的黨。

一九二五年孫文死後，國民黨企圖往北擴張勢力。

不過，孫文的接班人蔣介石與蘇聯顧問出現矛盾，並與當時合作的中國共產黨決裂（一九二七年，稱作「四一二（上海）事件」）。共產黨轉入農村組織農民。一九二八年軍閥倒台，但蔣介石未能摧毀共產黨。

一九三〇年代，日本重新展開對中國的侵略，使中國情勢變得更加複雜。一九三一年，日本占領滿州，一擁而入中國本土。蔣介石的國民政府從南京遷都到重慶，在第二次世界大戰期間便一直留在那裡。

一九四五年隨著日本戰敗，國民黨和共產黨也毀棄戰爭中的合作關係，重啟內戰。共產黨在一九四九年取得決定性的勝利。

儒家思想瓦解，為思想和文學帶來巨大的變革。

一小撮人雖然學會了西方的科學和技術，但在這個持續動盪不安的國家，科學技術的發展很困難。

經由胡適的提倡，開啟了將文章的用語簡單化，以貼近一般民眾日常口語的運動（白話文運動）。

這波運動迅速為人們接納，報章上充斥大量這類文章，並開始引介世界上最先進的思想。知識菁英能夠接觸到外國的思想，但在中國人口中占壓倒性多數的農民要到一九四九年以後才真正接觸到新思想。

日本靠「服從與義務」長足發展

開國和倒幕後，日本為強化軍事力量進行工業革命，並大獲成功，第一次世界大戰的結果，更幫助日本的纖維製品拿下亞洲市場。

日本的工業化在政府主導下展開，民營化之後政府的指導力量依然強勁。

此外，日本更有獨特的**「轉包制度」支撐經濟的發展。過去存在於武士階級的服從和義務被引進工業界。**日本是在天皇制國家主義，而非民主主義或自由主義之下，克服國家的重重難關。

軍隊化解了武士們的不滿。尤其是陸軍，在打開貧農子弟也能晉陞將校之路的同時，也維持了武士的傳統。軍隊和工業皆保留了日本的傳統精神，政治的變革僅止於表面。

西元一八五四年起至一九四五年日本所達成的成果可說是成功的。再者，日本積極引進外國的文化，並有計畫地充實教育制度，在保留傳統文化的同時，漸漸養成足與外國匹敵的能力。

Section 28

基於「未開化民族的文明化」而受宰制的各國

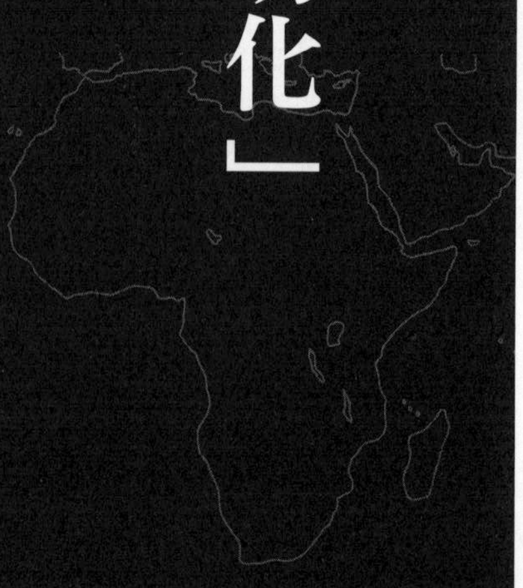

開發先進的帝國主義下的非洲

在十九世紀非洲掀起的建國浪潮背後有兩個經濟因素。

一是**引進玉米、落花生、番薯這類美洲原產的新作物**。在這些作物的栽培扎根的地區，糧食產量大增，人口也成長。這與建設強大國家所需的人力資源息息相關。

另一個是**奴隸交易被扼止**。英國在西元一八三三年完全禁止買賣奴隸。代之而起的除了以歐洲的織布及其他物品交換非洲的原料之外，槍也被帶進了非洲。大象因而遭到大量獵捕，**象牙貿易盛行**。

此外，伊斯蘭教在非洲的傳布始於其成立後不久，到了二十世紀依然持續擴大。**西非和東非的統治者們深知伊斯蘭的法律觀念很有用。阿散蒂（現在的加納）的王宮聘請伊斯蘭法的專家當顧問**。不過，伊斯蘭教對這個國家的滲透僅止於表面層次。

另一方面，與歐洲人之間的矛盾衝突，及面對其壓倒性的優勢，一部分非洲人的憤怒和絕望引發狂熱的宗教運動。

一八三七年，**阿爾及利亞的賽努西教團（蘇非派的教團之一）。十九世紀在麥加成立，主要活躍於利比亞）起身抵抗法國和義大利的統治。**

蘇丹則有馬赫迪教徒反抗英國的擴大統治。不過這類運動最後都受挫，並未在非洲創造出任何新的氣象。

相對於此，基督教傳教士卻建設學校和醫院，引進西方的制度。

基督教也藉此慢慢深入非洲各個角落。這類西式教育在二十世紀的非洲逐

漸發揮重要的作用。

到了一九一四年，除了衣索匹亞，非洲絕大部分地區不是屈從於帝國主義的宰制，就是成為西方列強的屬地。

歐洲人利用蒸汽船溯流而上，又鋪設鐵路，整備內陸交通，開發南非的金礦、鑽石礦和肯亞的咖啡農園。

此外，英、法兩國帶頭開啟在非洲的殖民競賽。法國最早的殖民地是阿爾及利亞。接著進一步南下撒哈拉，與西邊的塞內加爾的殖民者會合，試圖將大西洋和紅海（吉布地）串連起來（橫斷政策）。這項計畫與英國「從開普到開羅」的縱貫鐵路建設計畫衝突。提倡此縱斷政策的是在南非開採鑽石因而致富，後來轉行從政的**塞西爾・羅德斯**。

當時英國人**普遍接受達爾文進化論「適者生存」的觀念，認為盎格魯・撒克遜的未來全繫於領土的多寡**。

這適者生存的觀念也對德國造成影響，為彌補自己在殖民競賽中起步較晚，其侵略之勢十分猛烈，積極進軍非洲（坦干伊加）和大洋洲。

利用歐洲勢力的非洲在地統治者

順道一提，帝國主義理論有兩個方向。**英國是採取間接統治**，讓當地的首長繼續統治，英國人則擔任政治顧問給予忠告。相反的，**法國偏好直接統治**，指揮在地官員依中央政府的指示執行政務。英國的統治方式保留了當地的文化傳統。法國的政策方針是「同化」，接受過法國式教育的人成為名義上的法國人。

不過現實中，對殖民地統治真正重要的是金錢，不是理念。與歐洲相比，非洲極度貧窮。因此對非洲的投資大受歡迎。

這些投資者關注的焦點是**採礦事業**。

只是，當地方的利益與採礦事業衝突時，地方的利益通常會遭到漠視。因此，非洲人的反抗活動在各地發生。阿特拉斯山脈的柏柏人反抗法國的統治；西非的阿散蒂王國和英國大戰了四回，最後被併入黃金海岸（加納）；南非的祖魯族也與英國一直戰到十九世紀末。

但另一方面，非洲的統治者們也漸漸領悟到這樣的抵抗徒勞無益。因此**也**

十九世紀太平洋諸島的情勢

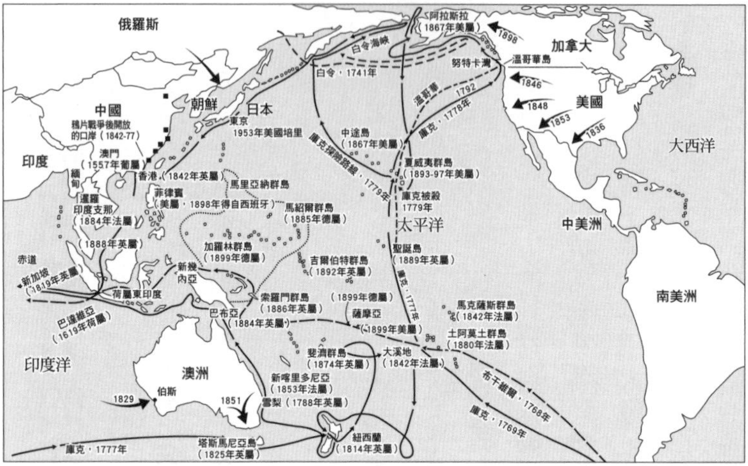

有統治者籌謀在歐洲的庇蔭下鞏固自己的權力。烏干達的布干達王國就是這樣的例子。此外，有時歐洲人的行政官也會挽救瀕臨危機的國家（無需贅言，這麼做當然使西方各國的統治更加容易）。

不過，殖民統治為非洲帶來巨大的改變。**一是部族間的暴力衝突因國界的劃定而驟減。**

國家（部族集團）原本就是為了戰鬥而成立的。當明白與歐洲人的武器和訓練出來的軍隊作戰是多麼無益時，過去敵對的部族漸漸不得不並肩共存。掠奪牛隻和奴隸的行為得到壓制，結果導致以往力量的均衡出現逆轉。

馬塞伊人原是飼養牛隻的戰鬥民族，但

傳統的工作沒了。另一方面，**長期從事農耕的基庫尤人的人口卻增長**。

也就是說，**暴力衝突被壓制和農業的改善措施促進了人口成長。尼羅河上游的灌溉工程和經濟作物的栽培，如西非的可可亞和花生、東非的咖啡、南非的柳橙和甘蔗等，促使各地人口增加**，民眾於是從農村遷移到城鎮。

孕育「獨立意識」的統治形態

第一次世界大戰後，長期支撐帝國主義的理念和思想式微。承諾給予歐洲投資客的利益十之八九都沒有實現。

花費在非洲殖民地的治理和開發上的成本恐怕已超過從非洲運回歐洲的物資總價值。**白人掠奪非洲資源獲取巨大利益的看法，只是經過簡單計算後的偏見。**

大戰期間，非洲和平穩定。**此時非洲大陸上存在三個獨立的國家：南非聯邦（英國的自治領）、賴比瑞亞（在美國獲得解放的黑奴成立的國家）和衣索匹亞。衣索匹亞歷代皇帝靠著具體握有的權力和基督教傳統，統一衣索匹亞諸**

部族。

一九二二年，英國承認埃及自治，爾後在一九三六年承認其獨立。

大戰期間，非洲的農民在經濟面和心理面經歷到的衝擊更大於政治面，因而愈來愈輕忽傳統。**加入歐洲軍隊的非洲人學到新技術擁有新視野後，不願再回到農村生活。**

歐洲的法律和習慣是用來應付以城市和工業為基礎的社會，學校和行政當局也促使人們符合那些規範。

唯一可能替代的選項就是伊斯蘭教。然而，**在撒哈拉以南的大部分地區，伊斯蘭式生活與西方模式的競爭都未能成功。對居住在城市裡的非洲人來說，伊斯蘭的制度似乎正是造成非洲貧困和衰弱的原因。**

在這樣的過程中，培養出一批具備知識和技術並追求政治上獨立的非洲人。第二次世界大戰後，他們慢慢從歐洲列強手中接下統治的重擔。

太平洋諸島的動態

白人的造訪為大洋洲原住民帶來更加殘酷的命運。疾病和社會結構的崩解，導致原住民瀕臨滅絕。

絕大多數土地遭到白人移民占領的澳洲和紐西蘭分別在一九〇一年和一九〇七年成為自治領。

紐西蘭的毛利人與白人接觸後人口急劇減少，但從一九〇〇年左右起又開始回升。**他們多數居住在農村，開始栽種白人帶進來、原產自南美的馬鈴薯**（這是一個原因）。

在夏威夷，原住民人口幾近滅絕。夏威夷群島自一八一〇年起由當地的王朝統治，一八九三年一群從美國渡海而來的人發動政變推翻王朝，一八九八年併入美國。

太平洋諸島中，新幾內亞部分地區因為沒有什麼吸引西方人的東西，一直維持著原始的生活形態。

菲律賓迅速順應西班牙及後續來到的美國人的統治；只有如塔斯馬尼亞等

少數地區，原住民人口完全遭到滅絕。

不過，分散各處長期遺世獨立的各個民族，與來自地球各個角落的移民混合交融，使在地文化、人種的特徵變得愈來愈模糊。

地球上其他地方到處可見同樣的過程。居住於東南亞高地、西伯利亞北部、巴西熱帶雨林中的未開化部族在十九世紀前勉強維持住其特徵，但仍舊發生同樣的事態。

Section 29

社會主義與資本主義的糾葛牽連全世界

西方世界 西元一九一四－一九四五年

俄羅斯革命左右了第一次世界大戰的勝負

第一次世界大戰的爆發出於偶然（塞爾維亞愛國青年刺殺奧地利皇太子的塞拉耶佛事件），沒有任何國家預料到會演變成全面性的戰爭。然而戰火揭開序幕後，卻因為兩個問題導致戰爭複雜化。

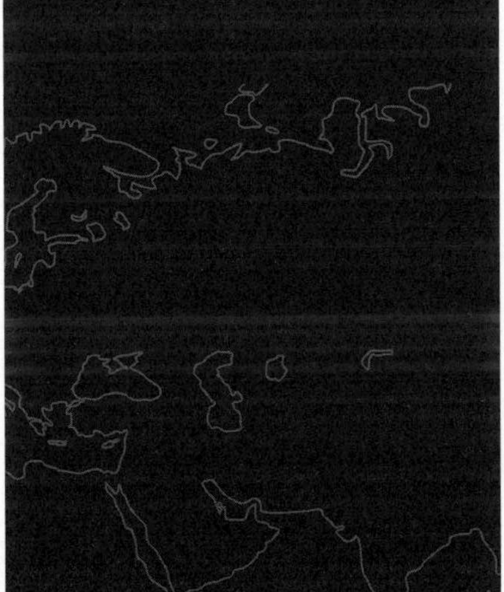

首先是**結成聯盟關係（三國同盟和三國協約），因各有各的盤算而欠缺彈性**。

第二個問題是**各國的動員計畫拙劣，且不知變通**。

在眾多戰爭縱橫交錯展開中，出現了陷入膠著狀態的戰線。為維持戰線，需要士兵、糧食和彈藥等的補給，而為供應這些要建工廠、進行訓練。為確保軍需物資，動員後方人民，演變成總體戰，但人民因此開始為物資不足所苦。隨著戰爭的犧牲擴大，人民的熱情也急速冷卻。

這情況在俄羅斯尤其明顯。東部和西部戰線的戰況持續時好時壞，民生凋敝。

一九一七年爆發的俄羅斯革命使情況出現重大轉變。沙皇退位，布爾什維克進一步掌握權力，退出戰線。

同年，美國對德國宣戰。理由是德國實施無限制潛水艇戰，但其實是怕德國獲勝後會統治全歐洲。

不過，美國實際參戰需要時間，東部戰線結束後，德國將全部兵力調到西部戰線，迅速推進到巴黎。

俄羅斯革命漸漸改變了戰爭的性質。影響戰爭的因素不再只是為作戰所進行的操練和補給系統，兩種意識形態的影響力也愈來愈大。

布爾什維克號召先進工業國的工人發動革命。而美國為了終結戰爭，倡議「無勝利和平」。

兩者呼籲的內容，若按計畫走，都能顛覆歐洲舊有的政府和社會結構的一部分，甚至是全部。兩者皆是革命性的思想，對歐洲各國人民具有強烈吸引力，而德、奧、義三帝國已沒有餘力，也缺乏號召全民使盡最後力氣的理想。像這樣心理面的潮流變化不利於同盟國。加上一九一八年美軍投入前線戰鬥，使得勝敗已定。

民族獨立的動態

鄂圖曼和哈布斯堡帝國統治下的民族開始準備獨立。為協調各方對威爾遜十四點和平原則的意見，和約一直延到一九一八年的十一月才簽定，而此時德意志和哈布斯堡兩帝國已解體。

德、奧、義三帝國的解體對社會主義來說是絕佳的機會。列寧如此相信，但對無產階級革命的恐懼，使戰勝國不敢掉以輕心。戰勝國會支援東歐新興國家，正是基於反無產革命的立場。

一九一八年到一九二〇年，俄羅斯國內和邊境地帶爆發激烈內戰。烏克蘭和高加索（喬治亞、亞美尼亞、亞塞拜然）地區發生的民族主義運動全軍覆沒，後來都成了蘇維埃社會主義共和國聯邦的一員。

但另一方面，民族主義在芬蘭、愛沙尼亞、拉脫維亞、立陶宛、波蘭贏得勝利。

妥協下的議和會議

一九一九年召開的巴黎和會並沒有討論到俄羅斯的情勢，戰勝國僅滿足於對德、奧和鄂圖曼帝國提出議和條件。

然而，國界的劃分談何容易，中途參戰的義大利對領土的要求使問題更加複雜難解。威爾遜堅持民族自決原則，而為使德國無法再掀起戰爭的協商也爭吵不休。

會議的結果是妥協的產物。威爾遜成功建立了國際聯盟，但美國卻不加盟；法國達到解除德國武裝的目的，卻收不到德國的賠款。

東歐雖出現了波蘭、捷克斯洛伐克、羅馬尼亞、匈牙利、南斯拉夫這類新國家，但卻是在民族自決的空口白話下誕生，背後的考量其實是為維持政治和軍事上的力量均衡。

議和會議推倒了戰勝國的聯盟關係。義大利因領土問題感到不滿，英、法兩國則為阿拉伯半島的領土問題起爭執。

美國對歐洲的問題失去興趣，拒絕簽署凡爾賽條約。

兩次大戰的中間期

自歐洲收手的美國的態度，表現在**哈定「恢復正常」的競選承諾**上。美國人在戰爭前半期享受著「永遠的繁榮」，飽嘗富足的消費生活。

英國也試圖恢復戰前的生活，然而過去的繁榮並未重現。產業萎靡不振，其嚴重的失業問題始終未獲改善。

法國為重建荒廢的國土，推動公共事業。

德國和東歐各國要恢復戰前的社會和經濟生活方式已不可能。義大利則是特例。所有階層的國民皆對戰爭抱持不滿，一九二二年發生政變成立了法西斯政權。**他們將特權階級和個人利益都置於「國家」之名下。並且在和平時期持續實施戰時很成功的國家資產動員計畫。**

戰前社會主義運動即很興盛的德國，社會主義者與資產階級之間建立了原本不容存在的合作關係。這結果導致在德國展開的社會主義革命計畫無疾而終。一九一九年制定的威瑪憲法無可非議，但無力壓制左右兩派勢力的行動。儘管如此，政權還是勉強維持下來，這全賴政府與殘餘的德意志軍官團簽定密約才有辦法達成。

德國經濟急劇復甦和成長，與此成對比的是蘇聯。經濟復興遲緩，使得列寧不得不暫緩建立共產主義體制的方針。

得不到各國工人的援助，不得不仰賴本國資源，列寧於是採行新經濟政策（ＮＥＰ）。**允許農民和商人自由買賣農產品和經營小本生意，銀行、工廠、**

貿易、運輸則歸由國家管理。許多理想派共產主義者認為NEP是背叛，其他國家則視它為共產主義的極限。

一九二四年列寧死後，史達林掌握了權力核心，但NEP的存在使得政府無法推行經濟改革政策。於是史達林廢除NEP，強迫農村供應為城市和工業擴張所需的糧食。

並強制推動農業集體化，逼迫農民將土地和家畜供給集體農場，結果釀成大量農民餓死的悲劇（主要發生在烏克蘭）。

在強制徵收來的食物和原料支撐下，政府動員龐大的勞動力投入水壩和工廠的建設。宛如軍事行動的組織式作戰展開，一九三二年史達林宣布計畫提前半年達成。

納粹的抬頭

始於一九二九年的經濟大恐慌使世界陷入極度混亂。在這當中，俄羅斯經濟的躍進在資本主義世界激起很大的回響。不過就算發生社會主義革命，資本主義也不會崩盤，英、法兩國的政策不是徹底的改革，因此花費不少時間才恢復，但美國和德國推出強有力的對策來回應經濟恐慌。

在美國，羅斯福總統實施**「新政」**。

德國國內的政治顯現激進的發展，**一九三三年，納粹（國家社會主義德意志工人黨）的黨魁希特勒就任首相**，他在名為黨的軍隊組織裡，找到宣洩自己的攻擊性和袍澤之情的出口。他實行獨裁統治並強化軍事。

德國人基於第一次世界大戰是因為馬克思主義者和猶太人等「叛徒」而敗北的主張，高喊毀棄凡爾賽條約，**利用「日耳曼民族當在同一個屋頂下」的民族主義大旗**，併吞奧地利，及捷克斯洛伐克境內德國人居住的區域（蘇台德地區）。希特勒更進一步將領土擴張到東方，讓德國人移民到那裡，聲稱如此一來雅利安民族的未來才有保障。

史達林在一九三九年刻意與德國結盟（德蘇互不侵犯條約），在一九四一年德蘇開戰之前一直支持希特勒。

波蘭被蘇聯和德國瓜分。英國和法國在德國入侵波蘭的同時，被迫對德宣戰。

第二次世界大戰

一九三九年起的三年間，英國和法國不論物質面或精神面都無法對抗德國。德國與日本、義大利一同取得驚人的勝利。一九四〇年，德國占領丹麥、挪威，並進一步入侵法國、比利時、荷蘭，獲得勝利。在進攻蘇聯前，德國先對巴爾幹半島發動攻擊，同樣取得成果。

一九四一年六月二十二日，希特勒未宣戰就開始進攻蘇聯。一開始蘇聯軍雖然腳步不穩，但正式展開抵抗後，加上寒冬將近，德軍的武器和糧食開始不足。

進入嚴冬後，德軍在莫斯科附近打敗戰，這是希特勒初次落敗，但開戰後約過了一年，蘇聯才有能力進行全面反攻。

德軍首次從莫斯科戰線撤退後，一九四一年十二月八日，日本攻擊珍珠港，日美正式開戰。希特勒接著對美宣戰。

美國集中軍力對德作戰，美、英、蘇三國的合作變得不可或缺，但蘇聯始終與其他兩國保持距離，獨立作戰。即使如此，美、英兩國依然對蘇聯提供軍事援助，而蘇聯則完全未透露有關本國資源的情報。到了一九四二年，美國的軍需生產規模大增；英、美兩國首次在北非展開反攻。

一九四三年七月，義大利的墨索里尼垮台。一九四二年到一九四三年，德國將戰力集中到東部戰線，在史達林格勒反覆進行殊死戰，最後德軍轉為守勢。

同年六月六日，英美聯軍在諾曼第登陸。一九四五年四月美、蘇在易北河會師，五月希特勒自盡，德國投降。德國被聯合國分割占領。

德國問題經過四國協商仍未獲得解決，於是德國被分割成兩個國家（西為德意志聯邦共和國，東為德意志民主共和國）。

與第一次大戰後一樣，歐洲在第二次大戰後也是百廢待舉。

不過，沒想到戰後復興遠比第一次世界大戰後順利得多。兩次戰爭中間，對付經濟大恐慌所採用的管理技術，被拿來運用在戰後歐洲的復興。

歐洲的復興可算是相當快速。儘管失去海外的殖民地，但各國用事實證明了將戰爭期間發展出的各項社會、經濟管理手段運用到和平時，能獲得多大的效果。

這正是二十世紀西方世界所達成的成就。在大規模集中力量的意義上，全世界唯有日本達到足以與西方相比的成就。

大眾傳播發達下形成的思想和文化

二十世紀最重要的現象就是城市裡大眾傳播（廣播、電影及電視）普及。這些媒體打破了社會階層和地方之間的樊籬，並成為透過口語，而非文字，有意識地操縱人類行為的工具。不用說，廣告當然是如此，而像希特勒那樣的政治性運動也會利用大眾媒體。

在心理學方面，**佛洛伊德**擁有眾多信徒。英國**雖然出了艾略特和詹姆斯．喬伊斯**，但只有少數同好會想要理解他們。

視覺藝術界的情況稍有不同。部分畫家捨棄如實描繪現實的做法，但藝術愛好者卻與日俱增。理由**不只是照相技術發達使藝術作品曝光的機會增多，受到來自世界各地，如非洲的刺激也是一個原因**。

一九一四年到一九四五年期間並沒有看到能改變自然科學形態的根本性洞見，但一九二〇年代**海森堡和薛丁格等人開創的量子力學提供了新的理念，愛因斯坦的相對論也在繼續研究中**。天文學方面的研究也達到前所未有的境界。除了理論上的進步，化學家研發出實用性合成材料，做出巨大貢獻；物理學家甚至**製造出原子彈**。

「計畫性發明的技術」進步，促使發明加速，並以前所未有的速度和正確度解決技術性問題。

社會科學方面也有長足進步。凱因斯針對戰間期英國的不景氣，提倡即使是自由經濟，政府為維持經濟水準，還是應當干預貨幣和信用的供給。

在十九世紀取得一定影響力、**以「時間過程」為中心的歷史觀**，到了二十世紀繼續擴張其勢力。而對考古學和西歐以外歷史進行研究，促成**「世界史」**的建立。

湯恩比和斯賓格勒等人以平等的態度看待世界各個文明。在歷史中，只以特定區域為中心，進而無視其他地區的歷史觀已失去立足之地。

一九四五年以後的全球對抗和世界主義

Section 30

貧困、宗教加上民族主義使局勢混沌不清

第二次世界大戰後，蘇聯和美利堅合眾國成為二分世界的超大強權。兩國過去因為意識形態一直不願參與以國際聯盟為首的國際關係，**戰後卻同樣因為意識形態，開始對世界所有地區的問題感興趣**。

俄羅斯感覺到有責任幫助世界各個地區的共產主義革命運動；美國則認為必須防止共產主義在世界繼續擴大，雙方便各自基於不同的意識形態而展開行

動。

史達林當初不看好國外的共產勢力。不料中國和東歐真的響應建立起共產政權，展現聲援的態勢。

美國為與之抗衡，一九四七年推動歐洲復興計畫（馬歇爾計畫，一九四七～一九五一年），西歐的「共產主義對策」大獲成功。

同一時期，共產黨政權下的各國（波蘭、捷克斯洛伐亞、匈牙利、南斯拉夫、保加利亞等）則仿效蘇聯推動五年計畫，也可見一定程度的經濟發展。不過，各國間的合作關係在西歐發展得很順利（EEC等），東歐則失敗，這也成為不久東歐的經濟和技術發展落後於西歐的因素之一。

共產主義陣營漸漸開始步調不一。先是中國未表現出與俄羅斯合作的意願；加上一九四八年蘇聯企圖將南斯拉夫納入統治之下，引發南斯拉夫人的叛變。這背後也存在著**地域民族主義、種族文化自尊的問題**。

殖民地獨立的背景

戰後殖民地解體的方式，也呈現出蘇聯的意識形態與美蘇以外世界在現實層面的差異。首先撤出殖民地的是英國。一九四七年英國自印度撤退後，印度教徒和伊斯蘭教徒的對立日益嚴重，最後分裂成印度和巴基斯坦兩個獨立的國家。

之後，緬甸、錫蘭、馬來亞（馬來西亞和新加坡）也相繼獨立。此外，過去的黃金海岸——加納也獨立（一九五七年），六年內幾乎所有殖民地都實現了獨立（葡萄牙屬地安哥拉和莫三比克在一九七五年獨立）。

這些殖民地多數情況都在和平中達成獨立，這與**歐洲列強政府的觀點改變**有關。英國工黨反對帝國主義，認為應當卸除對殖民地的行政責任。**殖民地方面民族主義高漲也是一個原因。相信也已建立起一種社會、政治結構，有能力承接歐洲殖民官員留下的行政事務。**

美國和蘇聯都對殖民帝國的瓦解表示贊同，因此獨立運動進展神速。

不過，這些國家獨立後取得聯合國大會的席次，組成「第三世界」，卻拒絕支持美國和蘇聯的立場。

殖民帝國瓦解後，歐洲工業國的社會革命依舊未能實現。這結果推翻了列寧對歐洲未發生社會革命的解釋。列寧認為歐洲的革命意識成長受阻，是因為西歐各國的無產階級也從對殖民地的剝削中分到好處。

另一方面，美國也對新興國家非但沒有建立民主和自由的制度，甚至多半是一黨或軍人獨裁的體制，無法安心。我們很難看出共產黨獨裁和軍人獨裁哪一個比較接近美國的民主主義。

美國人相信莫斯科共產主義者的陰謀會威脅非共產主義國家的和平及安全，因而將大量的資源投入歐洲。

而且，中國的情況更強化這樣的立場。一九四九年，中國共產黨掌握中國政權的第二年，北朝鮮對韓國發動攻擊（韓戰）。美國認為這是共產主義更進一步的擴張，於是組織聯合國軍隊介入韓戰。中國也加入戰局，雙方在北緯三十八度線陷入膠著狀態，一九五三年簽定停戰協定。

另一方面，韓戰讓日本的工業恢復生機，從第二次世界大戰的滿目瘡痍中重新站起，並達成幾乎凌駕德國的經濟成長。

核能的威懾力

決定戰後國際關係的是**核子彈**。第二次世界大戰末期美國研發成功的這項武器，戰後蘇聯也投入研發，兩國都成功研發出威力更強大的氫彈。接著又競相研發用來運載核彈頭的「洲際彈道飛彈」，及中途攔截飛彈的技術……進行無止境的軍備競賽。

不過，「嚇阻效果」也起了作用，美蘇兩國在一九五〇年爆發的韓戰、一九五六年的匈牙利革命和一九六二年的古巴危機中，最後都選擇抽身離開。而且，這樣的軍備競賽產生一項副產品，就是促進了**太空探索**。從一九五七年發射人造衛星開始，一九六九年美國成功將人送上月球。

像這樣技術上的成就牽涉的面向更廣。刺探到對手國洲際彈道飛彈的倉庫等情報，即可**降低無預警偷襲的可能性，美蘇兩國因而安心不少**。

這樣的軍備競賽帶給人們對人類滅亡無限的恐懼，但另一方面，美蘇的盟友也因此得出核武不會被用來對付自己的結論，一九六六年法國退出ＮＡＴＯ，中國（批判史達林之後）不惜與蘇聯攤牌的態度也逐漸增強。

越南戰爭

中蘇的對立波及整個共產主義世界。歐洲一些共產主義政權為脫離蘇聯控制，有的向中國傾斜，有的對西方自由主義表示興趣。**表面上是關於馬列主義路線的對立，但其實是長年存在的國家、文化、種族的不滿爆發。**同樣的情況也出現在美國的盟友之間。

冷戰的布局已過時。而且**亞洲、非洲和中東所發生的衝突有其他更根深柢固的原因，已無法單純用資本主義和共產主義的對立來解釋。文化的多樣性加上種族、宗教上的情感，為衝突增添更激烈的色彩。**

在這流變之中發生了「越南戰爭」。美國為防止南方的非共產政權被北方的共產勢力推翻，開始派遣軍隊到越南。只是，在北越眼中，南越的統治者是白人（一九五四年以前是法國，之後是美國）操控下的傀儡。**民族主義和種族情感結合後，群眾支持奉行馬克思主義的共產勢力，試圖趕走新帝國主義的美國，並在俄國的奧援下大勝美國。南越士兵的戰鬥能力低落，北越士兵則很頑強，光是這一點也能明顯看出「民眾的反美情緒」。**尼克森在一九七三年下令撤軍，一九七六年南北越統一，步上社會主義的道路。

美國的敗北在國內引發混亂。不只是社會層面，在經濟上（通貨膨脹和油價飆漲）自一九四五年以來的繁榮也畫上休止符。不過，這樣的混亂不只發生在美國，也發生在蘇聯及世界各地。

民族紛爭的開端

巴基斯坦長期與信仰印度教的印度對抗，當一九七一年東巴基斯坦（孟加拉）發動叛變，印度隨即予以援助。另外還有比亞夫拉戰爭、薩伊（剛果）的動亂、衣索匹亞和索馬利亞的對立等，這些都已**轉入民族間的紛爭**，而不再是意識形態之爭。

中東自一九四七年（聯合國通過巴勒斯坦分割案。一九四八年發表建國宣言）以色列誕生以後，成了紛爭之地。

他們既與第一次世界大戰以後管理這地區的英國對抗，又與被伊斯蘭教徒征服以來一直定居此地的阿拉伯人為敵。

而第二次世界大戰期間，納粹企圖將歐洲猶太人趕盡殺絕，更加激起他們的民族、宗教情感。因此，猶太人認為作為少數民族，為避免遭受迫害，唯一的方法就是遷徙到「應許之地」巴勒斯坦。為了成為那地區的多數派，他們以武力清除阿拉伯人，使阿拉伯各國深感受辱。

新貧富階層產生

從第二次世界大戰到越南戰爭的過程中，面對擴大到全球規模的經濟，仍舊採用根據以往運作順暢的理論和統計學所制定的財政和信用政策，因此漸漸顯得左支右絀。

美國和世界多數國家選擇走自由貿易路線來因應持續膨脹的世界經濟。由GATT（關稅暨貿易總協定）起了頭，接著似乎要補GATT之不足，歐洲和北美也先後簽定EEC（歐洲經濟共同體）和NAFTA（北美自由貿易協定）。此外，美國在一九九〇年代中出現電腦關聯的新產業，使經濟出現新的榮景。**在市場自由度增加的情況下，有人搭上時代潮流，有人沒有，因而產生**

新的「貧富階層」。

這期間，中國和規模較小的幾隻「老虎」（特別是指香港、新加坡、泰國、馬來西亞）以快速的經濟成長將其他地區遠遠拋在後頭。**這靠的是高品質的教育，和中國廉價的勞動力。**非洲徹底落後。伊斯蘭世界、拉丁美洲、印度也一樣，原因出在**人口過剩，和企業家無法應付全球規模的市場經濟（也沒有意願）**。

一九六一年中國挑戰蘇聯老大哥的地位（中蘇從前一年開始交惡），之後為了制衡轉而接近美國（一九七一年尼克森訪問中國）。

不過，中國仍持續為國內的動亂傷神。毛澤東厭惡官僚體制的腐敗，（自一九六六年）展開文化大革命。使中國陷入大混亂之後，鄧小平（開始「改革開放」）向世界開放市場。

開放的結果，沿海地區的經濟展現史無前例的繁榮景況，但內陸省分則前景不被看好。加上共產黨對政治活動的壟斷，一九八九年民怨在天安門廣場爆發（政府派兵鎮壓，到現在真相依舊不明）。

從共產黨的平等理念來看，要開放經濟活動採行自由市場機制是項課題。

一方面奉行共產主義，一方面又允許自由市場，以規避美國及其他國家批判其慣行不公平貿易和對國內政治的壓迫，至今仍舊是政府的一大難題。

對共產主義政權的幻滅

一九七三年蘇聯經歷到的困難是其他國家都無法比擬的。**蘇聯的五年計畫自一九二八年以來的成績亮眼，但那是投入大量的資源和農民才有可能。**從農村徵用農民，再**把機器引進農村，以彌補失去的勞動力**。然而，第二次世界大戰後**出生率降低**。一九七三年（爆發石油危機）以後，只剩中亞的伊斯蘭世界有多餘的勞動力。**新興資源也耗盡，有效率地利用勞動力和物資成為當務之急。**

不過，蘇聯的計畫經濟根本別指望有效率。計畫經濟**要求生產達到一定的數量，為求數量只好犧牲品質**。

蘇聯為了與美國對抗，**把重點擺在軍需產業，民間經濟遠遠落後資本主義國家。愈來愈多人民對共產主義感到幻滅。**

一九八二年以後，蘇聯面臨兩個難題。一是**美國總統雷根為打開對蘇戰略的僵局，推動武器計畫（星際大戰計畫），因而激化了武器研發競賽**。雷根的計畫並未獲得多大的成果，但美國在高科技武器上確實拉大了與蘇聯的差距。

蘇聯輸掉一九七八年起展開的戰爭（阿富汗）更是雪上加霜。**這場戰爭的花費也令蘇聯苦惱不已**。一九八五年上台的戈巴契夫與美國簽定有關拆除並銷毀中程彈道飛彈的協定，並進一步從阿富汗撤軍。他期待資訊開放（開放政策）和改革（經濟改革）能讓蘇聯經濟更有效率，不料反而使人民對既有體制的批判大增。

蘇聯解體與民族主張的強化

對於一九八九年東德、波蘭、匈牙利、捷克斯洛伐克發生的變動，戈巴契夫沒有採取軍事行動。

一九九〇年東西德統一，使西歐和世界的權力均衡出現巨大改變。

隨後在一九九一年，蘇聯境內其他共和國發生叛亂，反對俄羅斯人的統治，這成了蘇聯解體的導火線。

解體時成立的俄羅斯共和國（聯邦）的總統葉爾欽，試圖在俄羅斯建立自由市場經濟體制，但**以蘇聯時代沒有效率的工廠和共產主義思想下的勞工士氣來看，那無異緣木求魚**。俄羅斯和前蘇聯旗下各個共和國的經濟要如何適應新的模式，在現代依然是一大問題。

與蘇聯解體同等重要的另一個問題是，**舊式民族主義的愛國心（統治的多數族群吸收同化少數族群）已衰微，代之而起的是宗教、民族性格及自我主張的強化**。

為數眾多的民族集團（俄羅斯的車臣人、加拿大的法裔人士、全美洲大陸的原住民等）現在可以利用新的通訊工具主張各自的利益和權利。這結果導致全世界普遍出現國家的一體感被削弱的現象。

除了要面對內部宗教、種族的挑戰，民族國家還因跨國組織的發達而遭到弱化。聯合國成立具有野心的國際官僚組織負責執行規範和決議。

科學家和演藝人員也開始進行跨國活動，金錢、商品、服務、資訊等無不跨越國界在流動。

伊斯蘭世界的新動態

一九七九年的伊朗革命就是**大眾傳媒進行宗教性煽動的好例子**。何梅尼抨擊政府的演說被他的支持者私底下播放，贏得民眾的支持，從而掌握權力。他的政權一直維持到一九八九年，對內執行什葉派的律法，對外則號召民眾發動對抗美國的戰鬥。

與其他各國相比，伊斯蘭教國家的宗教和政治緊密相連，自穆罕默德創教以來一直是如此。而這情況也成了孕育出少數伊斯蘭極端分子（在這個階段指的是巴勒斯坦解放組織嗎？）的一個原因。

他們與巴勒斯坦人聯手對以色列進行恐怖攻擊，並把矛頭指向以色列以外的其他國家。這樣的混亂同樣出現在外交上。一九七三年（第四次中東戰爭）以後，美國一直供應武器給以色列和埃及，對兩國實現和平貢獻很大。

甚至促成以色列和巴勒斯坦解放組織簽定形同具文的和平協定（一九九三～一九九四年）。不過，永久的和平並沒有實現。

國界上根深柢固的宗教與民族的對立

一九九二年，歐洲的基督徒和伊斯蘭教徒發生紛爭。**信奉天主教的克羅埃西亞人、信奉東正教的塞爾維亞人和信奉伊斯蘭教的波士尼亞人在波士尼亞爆發衝突，NATO支持伊斯蘭教徒和克羅埃西亞人，在獲得歐洲各國和俄羅斯的支持後，派遣軍隊進入波士尼亞**。一九九五年雖促成停戰協議，但這個地區一直沒有恢復和平。

俄羅斯除了和阿富汗之外，**與高加索的伊斯蘭教徒（車臣人）之間也有問題**。

其他問題地區有**土耳其和阿爾及利亞**。**土耳其是軍事將領欲維護世俗利益而與伊斯蘭的政黨作對；阿爾及利亞是世俗的軍事政權與宗教組織對立**。法國境內的阿爾及利亞人和德國境內的土耳其人等也引發嚴重的社會和政治問題，一直未尋得解決之道。

而在印度和中國，包括伊斯蘭教徒在內的少數族群則飽受群眾暴力和警察的壓制。

在加拿大，**法裔人士展開運動要求要獨立**。在非洲的盧安達，**胡圖族與圖西族之間發生慘絕人寰的種族大屠殺。賴比瑞亞、蘇丹、索馬利亞、薩伊（剛果）也因種族差異引發大混亂**。

另一方面，在南非，一九九四年**納爾遜・曼德拉**在和平的選舉中**當選總統，為白人的政治壟斷畫下句點**。

拉丁美洲一些國家的原住民也積怨已深，怒火沸騰。**祕魯、玻利維亞、瓜地馬拉、墨西哥的游擊活動背景即是原住民農民的不滿。古巴的卡斯楚則反對美國在經濟和政治上的支配**。其對群眾進行的動員在薩爾瓦多和尼加拉瓜也引發異常事態。

全球市場經濟擴張，使得世界各地既有的秩序逐漸崩解。有效率的市場經濟以便宜的價格提供優良的商品，但問題是，對那些因此失去工作的人們沒有任何保障。經濟成長和技術革新是付出沉重的代價換來的，但全球市場經濟的前景依然不穩定。

我們可以看到前共產主義國家正利用政治上的抵抗阻擋全球化的趨勢；另

一方面，現在只要用心進行生產即可保證獲得財富和權力，不再受制於既得利益者。人類社會總是在開放改變和保存既有生活方式之間拉鋸。而且，這選擇可說是愈來愈困難了。

一九四五年以後社會與文化的變化

二十世紀中葉以後的世界面臨三大問題：

① 人口急劇增加，但另一方面，富裕的城市人口出生率卻下降。

② 尤其是在西方城市，新形態的生育控制和女性解放的觀念，改變了男女分工的方式。

③ 在農業商業化和城市生活方式滲透的地區，農村生活的自主性衰退。

此外，「大眾傳播」也對人口增加率的變化和村落生活模式的轉變造成影響。一九五〇年以後是廣播，一九七〇年以後是電視，一九九〇年以後是電腦，它們所帶來的影響深遠。相信今後還會更進步，只是未來無法預料。

但也有相反的反應。以前美國文化（英語）持續在世界擴張，現在印度和埃及也有大眾媒體中心。

亞洲和非洲的文化傳統挺過了西方文化的傾軋。在伊朗，地方的傳統文化抵消了美國的影響。

日本的茶道、印度的神祕主義、中國的針灸等，已跨出國界引來西方人的好奇。

二十世紀中葉以後，科學領域出現一種新的對現實世界的演化論觀點，似乎試圖將物理學、生物學、社會科學融合在一起。如同牛頓的科學花了漫長的時間傳布開來，關於宇宙論和物理學的新觀念也是慢慢地滲入一般民眾的認知。物理、化學的實驗，和由數學式推理導出的真理的準確度，最後竟達成管理核子能的釋放。

此外，科學家也開始提出宇宙絕非均一、無限或永恆的。

宇宙似乎是一百億到一百五十億年前的一場大爆炸之後誕生，並且以令人不可置信的速度持續擴張中。黑洞和高密度的中子星等以往的宇宙觀無法解釋的事情，一一被解明。

這也為地球上的物理和化學定律帶來新的觀念。自然的真實情況並不是過去科學家所相信的那樣，具有統一性與數學式的可預測性，而是突發且不可預測的。

這酷似生物學家和社會學家一直努力想要了解的混亂而多變的世界。人類、生物演化及地球的地質歷史正開始拼湊出宇宙整體演化的圖像。

結語

一開始，我試著重新整理譯者們的文章，濃縮成大約五分之三。再進一步改良之後的結果，就是這本書。

在這樣作業的過程中，我不時會回頭重讀原著，正如「序言」中所說的，原著的「皮」、「肉」、「神經」等的細膩度，或者該說是內容的深度，再次令我驚嘆。

骨骼標本確實明白易解，但人不是只由骨架構成。各式各樣的功能融合、成為一體後，人才會漸漸顯現出人的樣子。

我期待讀者們能花時間，靜下心來挑戰原著，進一步徜徉在歷史的趣味中。

本書是由中央公論新社的文庫《世界史》（William H. McNeill著　增田義郎／佐々木昭夫譯　２００８年）和"A World History"（William H. McNeill Oxford Univ Pr (Sd); 4 Sub版　１９９８年）為基礎，並以著者自身的觀點書寫而成。

然而，雖然內文中有部分已是（在現今）不太適切的用語或敘述，但為優先考慮麥克尼爾先生的想法及敘事，仍照實保留。

【作者簡介】

關 真興（Seki Shinko）

1944年出生於三重縣。東京大學文學部畢業後，在駿台補習班擔任世界史講師。2001年離職，親自編寫「漫畫版 世界的歷史」叢書、「中國的歷史」叢書（暫譯，皆為集英社）的架構，並撰寫、監修多部歷史相關書籍。主要著作和監修書籍有《從30場戰爭看世界史　上、下》（暫譯，日經文庫）、《只是看一看世界史》（暫譯，學研）、《世界史是打出來的》（漫遊者文化）等。

畫對重點就能輕鬆了解世界史

史學專家的世界史筆記

2017 年 6 月 1 日初版第一刷發行

作　　者　關 真興
譯　　者　鍾嘉惠
編　　輯　劉皓如
發 行 人　齋木祥行
發 行 所　台灣東販股份有限公司
＜地址＞台北市南京東路4段130號2F-1
＜電話＞(02)2577-8878
＜傳真＞(02)2577-8896
＜網址＞www.tohan.com.tw
郵撥帳號　1405049-4
法律顧問　蕭雄淋律師
總 經 銷　聯合發行股份有限公司
＜電話＞(02)2917-8022
香港總代理　萬里機構出版有限公司
＜電話＞2564-7511
＜傳真＞2565-5539

國家圖書館出版品預行編目資料

史學專家的世界史筆記：畫對重點就能輕鬆了解世界史 / 關 真興著 ; 鍾嘉惠譯.
-- 初版 . -- 臺北市 : 臺灣東販 , 2017.06
342 面 ; 14.7×21 公分
ISBN 978-986-475-362-8(平裝)

1. 世界史

711　　106006594